EL GRITO
DEL ALMA

EL GRITO DEL ALMA

Sobre el significado del Sufrimiento

LORENZO ALBACETE

Prólogo del
CARDINAL SEÁN O'MALLEY

EL GRITO DEL ALMA
Sobre el significado del Sufrimiento

Título original: Cry of the Heart

Derechos de autor © 2024 The Albacete Forum
Reservados todos los derechos.

Human Adventure Books
17105 Longacres Ln
Odessa, FL 33556
www.humanadventurebooks.com

ISBN: 978-1-941457-28-3

El índice de contenidos

Prólogo del Cardenal Sean O´Malley | vii

Capítulo 1
Un Misterio para Vivir | 1

Capítulo 2
No puedes amar lo que te escandaliza | 21

Capítulo 3
Sufrimiento y Dolor | 33

Capítulo 4
Sufrimiento, Gracia, Identidad | 42

Capítulo 5
El Misterio de la Cruz | 52

Capítulo 6
Completar lo que falta | 63

Lorenzo Albacete: Una biografía corta | 74

Prólogo
del Cardenal Sean O'Malley

HACIA EL FINAL DE su vida, Doña Conchita Cintrón Viuda de Albacete yacía casi inerte en la cama del asilo de ancianos donde vivía. Era una sombra de lo que alguna vez fue, y se veía tan pequeña que podría haber sido un pájaro herido al caer de un nido, que fue cuidadosamente envuelto entre sábanas. El brillo en sus ojos había desaparecido, su sentido del humor desenfrenado se había evaporado junto con su hermosa sonrisa, su encantadora personalidad y su increíble "don de gente". Recuerdo verla acurrucada entre las sábanas cuando la visitaba en la residencia para ancianos. Era un espectáculo desgarrador.

Tomé su mano y la llamé por su nombre, pero ya no me reconocía, ni tampoco tenía la fuerza para responder. Luego noté el enorme retrato del Sagrado Corazón de Jesús que su hijo Lorenzo había colocado sobre su cama. Sabía que era Lorenzo quien lo había puesto allí porque debajo de la imagen, en letras muy grandes, estaba escrito: "¡A PESAR DE TODO, GRACIAS, SEÑOR!".

La frase era típica de Lorenzo, no solo por ser extravagante, sino porque decía algo profundo a través de su sentido del humor. San Francisco solía decir que la cruz era su libro. Lorenzo pasó mucho tiempo estudiando ese libro donde descubrió mucho sobre el primer Adán y el segundo Adán: el primero cuya desobediencia trajo la muerte al mundo y el segundo cuya obediencia trajo consigo la Gracia y la nueva vida. El árbol del jardín del Edén es reemplazado por el árbol de la cruz.

Para muchas personas, la ciencia, la tecnología y la medicina han reemplazado la fe como la brújula de sus vidas. Vivimos en un mundo de secularización, lo "políticamente correcto", la cultura de desperdicio y la polarización acalorada. Un autor ha descrito a la Iglesia como una colonia de extranjeros residentes. San Pablo dice que nuestra ciudadanía está en el cielo y Lorenzo lo usaría para mostrar que somos una colonia del cielo. Al igual que los judíos en la diáspora, los creyentes son extranjeros en una tierra extraña. Una colonia es un puesto avanzado, una cabeza de playa, una isla de una cultura en medio de otra, un lugar donde se transmiten a los jóvenes los valores de la patria, el lugar donde el lenguaje distintivo y el estilo de vida de los extranjeros residentes son amorosamente nutridos y reforzados.

Sin embargo, Lorenzo Albacete nunca temió relacionarse con aquellos que no creían. Respetaba sus preguntas y buscaba entablar un diálogo real con ellos, tal como siempre nos insta a hacer el Papa Francisco.

El problema del mal y el sufrimiento de los inocentes a menudo son obstáculos enormes para abrazar la fe. Lorenzo encontró la respuesta a estas preguntas en el libro de la cruz. La ciencia puede responder muchas preguntas sobre el mundo que nos rodea, pero no puede decirnos el valor de las cosas, nuestra propia identidad, nuestro propósito y misión. Estas cosas solo pueden descubrirse mediante la fe, una fe nutrida por la oración. En el mundo actual, el dolor se ve como el nuevo pecado que necesita ser eliminado. Irónicamente, muchos de nuestros contemporáneos están convencidos de que cuando la vida es difícil o inconveniente, debería eliminarse. Los gobiernos en nuestras democracias occidentales están cambiando constantemente las porterías de protección para la vida humana. Los individuos luchan por evitar el dolor y el estrés recurriendo al alcohol, las drogas y los comportamientos sexuales imprudentes.

El horror del dolor corporal es tan grande que anualmente miles de millones de dólares en nuestro país (Estados Unidos) son gastados por aquellos que pueden pagarlo para evitar el dolor o disminuirlo. No solo nuestros cuerpos sufren; hay dolor en el alma humana al ser rechazados por quienes amamos. Ser incomprendidos y, peor aún, ser malinterpretados es doloroso. Si se nos pasa por alto cuando se elige a otros, o si se nos ignora cuando se reconoce o elogia a otros, o si se nos olvida cuando se recuerda a otros, puede ser doloroso. Cometer errores y, como consecuencia, sentirnos avergonzados o humillados, o hacer lo incorrecto y luego tener que vivir con el recuerdo de nuestros pecados, siempre es doloroso.

Es reconfortante ver en los Evangelios que una parte importante del ministerio de Jesús es aliviar el dolor de las personas, el dolor en sus cuerpos y en sus almas. En un estudio fascinante sobre cómo Jesús manejaba su tiempo, se reveló que Jesús pasaba la mayor parte de su tiempo cuidando a los enfermos y realizando obras de misericordia. Es obvio que no cura a todos ni elimina todas las enfermedades o sufrimientos. En muchos aspectos, él viene a compartir nuestro sufrimiento, nuestra hambre y fatiga, nuestra soledad y nuestro dolor en el dolor corporal de su pasión y crucifixión, pero también en el dolor psicológico de la agonía en Getsemaní: el dolor de ser traicionado, el dolor de ser abandonado.

Jesús viene entre nosotros como el siervo que sufre, y por sus heridas, somos sanados. El símbolo mismo de nuestra fe cristiana es la cruz, que es un instrumento de tortura y muerte. Para aquellos que ven el cristianismo desde afuera, la cruz es un símbolo desconcertante. Deberíamos preguntarnos cómo reaccionaríamos si viéramos a alguien colgando una réplica de una guillotina o una silla eléctrica en la pared de su hogar y ese sombrío símbolo se supusiera que representaba su religión. Sin embargo, eso es precisamente lo que hacemos, porque Jesús ha transformado la cruz en un símbolo de victoria y esperanza.

De hecho, San Francisco dijo que la cruz era el libro donde pudo leer la mayor historia de amor de la historia. En la cruz, Jesús nos muestra con su pasión y muerte cuán rentable puede ser el sufrimiento en la oración. La lección más importante que la humanidad tiene que aprender es el significado del sufrimiento y su valor. Se necesitó a Dios para enseñarnos. Y él tiene que recurrir al recurso extremo de convertirse en hombre y sufrir Él mismo para demostrarnos que el sufrimiento no es insignificante y que es una de las experiencias más valiosas de la vida humana.

La cruz es una espada de doble filo. Sin oración, la cruz se convierte en muerte y destrucción. Puede hacer que nos volvamos hacia adentro, que seamos ciegos ante los sufrimientos de los demás, que estemos llenos de autocompasión, que estemos enfurecidos, que sintamos celos de quienes no están sufriendo, que nos volvamos amargados y desesperados. Cuando la cruz se lleva con amor, se convierte en dadora de vida, aumentando

Prólogo del Cardenal Sean O'Malley

nuestra capacidad de amar y de empatía; nos permite estar unidos con Cristo en amor y dar testimonio de su poder en nuestras vidas.

Bonhoeffer habló sobre la gracia barata y la gracia cara. Vivimos en un mundo donde muchos están halagando a los comerciantes de la gracia barata. La gracia del discipulado es una gracia costosa y llega cuando abrazamos la cruz. Cuando San Pedro huyó de Getsemaní, intentó seguir a Jesús a una distancia segura, cuando de repente fue identificado por su acento. El asustado Pedro niega incluso conocer a Jesús, y no a un soldado con una larga lanza, sino a una camarera con actitud. Eventualmente, Pedro descubre que la única forma de seguir a Jesús no es a una distancia segura sino de cerca.

En un mundo que persigue la gracia barata y el misticismo instantáneo con todo tipo de modas y trucos presentados como medios para "ser uno con el absoluto", es útil reflexionar sobre las palabras de San Ignacio de Loyola:

> *"Si Dios te da una cosecha abundante de pruebas, es señal de la gran santidad que Él desea que alcances. ¿Quieres convertirte en un gran santo? Pídele a Dios que te envíe muchas aflicciones. La llama del amor divino nunca se eleva más alto que cuando se alimenta con la madera de la Cruz, que la caridad infinita del Salvador utilizó para su sacrificio. Todos los placeres del mundo no son nada comparados con la dulzura encontrada en la hiel y el vinagre ofrecidos a Jesucristo, es decir, cosas difíciles y dolorosas soportadas por Jesucristo y con Jesucristo".*

Las profundas reflexiones de Lorenzo Albacete nos enseñan cómo decir sí a la cruz dadora de vida, cómo encontrar significado en el misterio y cómo poder leer en la cruz la más bella historia de amor jamás contada.

—Cardenal Seán O'Malley

Capítulo 1

Un Misterio para Vivir

JAMÁS INTENTARÍA OFRECER UNA respuesta, al problema que el sufrimiento plantea a los creyentes. El sufrimiento no es un problema que se pueda resolver sino un misterio que hay que vivir. Como cristiano católico veo el problema del sufrimiento como algo inseparable de la de cruz de Jesús. Pero esta no es la perspectiva que he adoptado aquí, porque no deseo comenzar hablando solo a otros cristianos. Quiero empezar por reflexionar sobre las experiencias que todos tenemos porque todos somos humanos, sin importar nuestras creencias.

Recuerdo lo que François Mauriac, escritor católico francés, escribió en su introducción a The Night Trilogy (La trilogía nocturna) de Elie Wiesel. Siendo un joven periodista de un periódico de Tel Aviv, Wiesel había entrevistado a Mauriac. Muy pronto entablaron una conversación personal sobre el Holocausto. Mauriac le contó a Wiesel que su esposa le contó que había sido testigo de cómo en la estación de tren de Austerlitz se apartaba a los niños judíos de sus madres y que, aunque desconocía lo que les esperaba en los campos de concentración se había horrorizado. Mauriac escribió:

> "Creo que ese día toqué por vez primera el misterio de la iniquidad cuya revelación iba a marcar el fin de una era y el comienzo de otra. El sueño que el hombre occidental había concebido en el siglo XVIII cuya aurora pensó que se había visto en 1789 [inicio de la Revolución Francesa] y que, hasta el 2 de agosto de 1914, se había fortalecido con el avance de la Ilustración y los descubrimientos de la ciencia, ese sueño se desvaneció definitivamente para mi ante esos trenes cargados de niños pequeños. Y, sin embargo, estaba a miles de kilómetros de distancia del pensamiento de que iban a convertirse en combustible para la cámara de gas y el crematorio."

Mauriac no puede dejar de pensar en las implicaciones religiosas de este horror. En su introducción, escribe sobre la experiencia personal de Wiesel:

> "El niño que nos cuenta aquí su historia fue uno de los elegidos por Dios. Desde el instante en que su conciencia despertó por primera vez, había vivido sólo para Dios y se había educado sólo en el Talmud, aspirando a iniciarse en la cábala, dedicado al Eterno, ¿Hemos pensado alguna vez en las consecuencias de un horror que, aunque menos evidente, menos chocante que otras atrocidades, es aún peor para aquellos de nosotros que tenemos fe: la muerte de Dios en el alma de un niño que descubre de repente el mal absoluto?"

Las propias palabras de Wiesel acerca de su experiencia son abrumadoras; *"Jamás olvidaré aquellas llamas que consumieron mi fe para siempre... Jamás olvidaré aquellos momentos que asesinaron a mi Dios y a mi alma, y convirtieron mis sueños en cenizas. Nunca olvidaré estas cosas,*

aun si estoy condenado a vivir tanto como Dios mismo. Nunca."
Estas palabras no son ficción ni hipérbole. Son la vida real.

Recordando su presencia siendo niño en la fiesta de Rosh Hashanah (Año Nuevo Indio), Wiesel escribió: *"Ese día, dejé de suplicar, no fui capaz de seguir lamentándome. Por el contrario, me sentí muy fuerte. Yo era el acusador y Dios, el acusado. Mis ojos estaban abiertos y yo estaba solo —terriblemente solo en un mundo sin Dios y sin hombre. Sin amor o misericordia. Dejé de ser otra cosa que cenizas, aunque me sentí más fuerte que el Todopoderoso, a quien mi vida había estado unida durante tanto tiempo".*

Cada fibra de mi propio corazón vibra con esta protesta. También me uniría a Wiesel, Mauriac y todos los que han experimentado estos horrores, al maldecir este rostro del infinito. Y, sin embargo, hay algo más en mi corazón que no va a desaparecer: la certidumbre de que esta ira no puede ser, y no puede permitirse que sea, la última palabra sobre la vida humana.

La última palabra tiene que ser la esperanza del mismo corazón que lo hace aún protestar, maldecir contra el Misterio infinito, que permite que ocurran semejantes horrores.

Acusación... y Reconocimiento

En el programa "El Papa Milenial", Germaine Greer habla conmovedoramente sobre el sufrimiento y Dios, y se me pidió que respondiera a su clamor. Aunque se autoproclama atea, Greer, con lágrimas en los ojos, expresó conmovedoramente su profundo aprecio por la música religiosa como un grito humano hacia una presencia que *"simplemente no está allí"*. Luego, ante el sufrimiento de los niños en África, agregó: "Si Dios existe, lo odio".

¿Qué podría yo decir en respuesta? No solo habría sido insultante una respuesta religiosa preempaquetada, sino que además encontré un eco de sus palabras dentro de mí. Sabía que sus palabras surgían de su corazón. Pensé que eran, en el sentido más verdadero de la palabra, auténticas, reflejando honestamente quien las pronunciaba. Recordé que el escritor y filósofo existencialista Jean-Paul Sartre había visto esa autenticidad personal como una especie de santidad. Germaine Greer es ese tipo de santa. Espero que no le moleste la denominación. La uso para mostrar mi respeto por aquellos que, ante el sufrimiento humano, no pueden creer en Dios.

Como una lucha hacia la trascendencia, el sufrimiento creativo – como la vemos expresada en las angustiosas palabras de Germaine Greer – nos abren hacia otros que también sufren, creando así una solidaridad entre aquellos que sufren. Sufrir juntos significa caminar juntos hacia la trascendencia. Esta solidaridad es la respuesta adecuada al sufrimiento. Esto no significa que *"compartamos el dolor"* de aquellos que sufren. Aunque esta frase es bastante común, no creo que sea posible. Nada es más íntimamente personal que el dolor del sufrimiento. Es, después de todo, una herida en nuestra identidad personal y la identidad personal no puede ser compartida. Cada persona es única e irrepetible. Lo que compartimos es el cuestionamiento – y así sufrimos con el que sufre. Co-sufrimos con esa persona.

Siendo que el sufrimiento refleja la trascendencia de la persona, que apunta hacia el Misterio que es autor del drama de la vida humana, no podemos realmente usar el sufrimiento para negar la existencia de Dios. En cambio, es porque hay un Dios que el sufrimiento humano existe. El sufrimiento humano es un signo de la existencia de Dios.

Lo que es este Dios es otra cuestión.

Me viene a la mente el libro autobiográfico de C.S. Lewis, "A Grief Observed" ("Un duelo observado"). En él, escribió sobre su sufrimiento como resultado de la muerte de su esposa (y su sufrimiento en la lucha contra ella, especialmente cuando sus esperanzas, elevadas por lo que parecían ser intervenciones milagrosas, fueron frustradas por un empeoramiento de su enfermedad). Este sufrimiento no lo llevó a dudar de la existencia de Dios; más bien, lo llevó a dudar de la bondad de Dios. Si no se puede comprender el significado del sufrimiento, esta respuesta ante un sufrimiento insoportable es comprensible. Pero tanto los comentarios de Lewis como los de Greer son a la vez acusación y reconocimiento de trascendencia.

Co-Sufrimiento y la pregunta inenarrable

No es sorprendente que, según algunos estudiosos de las escrituras, el Evangelio de Juan presente el sufrimiento de Jesús como un juicio en el cual Dios es el acusado. Satanás es el acusador, y nosotros somos el jurado. Co-sufrir es estar dispuesto a servir en el jurado en el juicio de Dios y arriesgar nuestra propia fe al identificarnos con aquellos que sufren en su cuestionamiento a Dios. Incluso si el que sufre ya no puede articular o expresar la experiencia del sufrimiento, debemos poner esa pregunta inenarrable en palabras para aquellos que sufren. Debemos establecer esa solidaridad, arriesgar nuestra propia fe e identidad, establecer una conexión humana con el que sufre y clamar a Dios juntos.

Entonces, el sufrimiento auténtico es un diálogo, no solo con Dios sino también entre los humanos. Co-sufrir es compartir la pregunta del porqué, ser un compañero y caminar juntos hacia la trascendencia. Aquel que no co-sufre y no está preparado para hacerlo no puede hablar sobre el sufrimiento. Tal persona no conoce la verdad y no habla la verdad. Esa persona es un "mentiroso" o un "engañador", para usar las palabras de Walker Percy. La única respuesta adecuada cuando se enfrenta el sufrimiento de otra persona es co-sufrir. Es la única manera de respetar el sufrimiento del otro. Co-sufrir afirma la identidad personal herida del que sufre a través de nuestra disposición a exponer nuestra identidad al cuestionamiento provocado por el dolor del que sufre. Esta disposición a compartir el sufrimiento es un acto de amor. Co-sufrir es la forma en que amamos al que sufre.

En nuestra relación con el que sufre, nosotros como co-sufrientes no podemos imponer nada a la otra persona. Solo podemos ayudar al otro a hacer la pregunta "por qué", a hacerla juntos, es decir, a orar juntos. Orar juntos con el que sufre es la respuesta justa al sufrimiento. La respuesta más cruel al sufrimiento es el intento de explicarlo, de decirle al que sufre: "Esta es la razón por la que esto está sucediendo. Lo siento, que no puedas ver la respuesta, pero para mí está claro". Cuando los apóstoles vieron a un hombre ciego de nacimiento, por ejemplo, le preguntaron a Jesús si era debido a sus pecados o los pecados de sus padres. Jesús rechazó esta explicación: no sufre debido a sus pecados ni a los pecados de sus padres, sino para manifestar la gloria de Dios.

Buscar una respuesta en el pasado es reducir el sufrimiento a un problema funcional. La mentalidad funcional lo explica todo en términos de causas pasadas. Esto no hace justicia al que sufre. Llamo a esto la "secularización" del sufrimiento, la eliminación de su vínculo con la trascendencia. Los amigos de Job intentaron explicar los orígenes del sufrimiento de Job mirando su pasado, pero Job protestó amargamente y rechazó esas explicaciones repetidamente como, al final del libro, también lo hizo Dios. El filósofo Martin Heidegger dijo que las personas piadosas no son las que se reconocen como culpables ante Dios cuando sufren, sino las que luchan contra Dios.

Algo siempre más grande que nosotros

¿Qué surge de la lucha con Dios? La respuesta del Misterio al sufrimiento siempre es gracia – una gracia gratuita que viene a nosotros sin condiciones, sin racionalizaciones, sin explicaciones. El sufrimiento puede ser aliviado por el co-sufriente sólo cuando el co-sufriente puede poner a la persona que sufre en contacto con la gracia y la experiencia de ser amado. La respuesta al sufrimiento será siempre una experiencia de gracia y amor.

Para los supuestos amigos de Job, su sufrimiento fue una ocasión para construir su teología, en vez de una oportunidad de expresar su amor. Ellos no caminaron con él, no co-sufrieron con él, no oraron con él por gracia. En su lugar, ellos convirtieron el sufrimiento de Job en un sistema teológico que explicaba todo. Los verdaderos amigos hubieran reconocido el horror por el que estaba pasando, estando a su lado en su dolor, y absteniéndose de ofrecer una respuesta o una razón a su sufrimiento. Dado que el sufrimiento se experimenta como una destrucción que vuelve la vida insignificante, las explicaciones simplistas trivializan el sufrimiento. Es como decir que quienes sufren pierden su derecho a una vida plena debido a algo que hicieron por lo que ahora deben pagar el precio.

Job entendió que no podía aceptar una explicación para su sufrimiento; hacerlo haría que su vida y experiencia perdieran valor.

Con ayuda de la gracia, repentinamente experimentamos la bondad de la existencia de nuestras vidas y la de los demás, que tienen un valor infinito en sí mismas. Al final del Libro de Job, Dios le pide a Job que considere sus orígenes, que se dé cuenta de que fue creado sin ningún reclamo de existencia, que no es su propio creador. Su existencia es pura gracia. Job se descubre a sí mismo cuando Dios le pide que considere el misterio de su identidad humana. Al hacer preguntas a Job, Dios se une, por así decirlo, al cuestionamiento de Job. De alguna manera, Dios co-sufre con Job.

El sufrimiento es una expresión de la personalidad humana, de la trascendencia humana. La respuesta de Dios a nuestro sufrimiento – es sufrir con nosotros – respetando nuestra identidad como individuos. Asimismo, el encuentro más íntimo entre seres humanos se produce al compartir el sufrimiento. La comunión de la vida que nace a través del sufrimiento compartido es la más fuerte comunión interpersonal en el mundo, rompe todas las barreras entre los seres humanos, y nos acerca a través de un lazo con la trascendencia, con *"algo siempre más grande que nosotros"*.

Nacido de la Carne

Emmanuel Mounier, el fundador del *"personalismo"* francés escribió que el aspecto más importante de la vida humana es una *"inquietud divina"* en nosotros, una *"falta de paz"* divina dentro de nuestros corazones. Es esa búsqueda permanente por el sentido de la vida, un interés impreso en nuestras *"almas no extinguidas"*, en aquellos que no están paralizados por satisfacciones temporales o respuestas ideológicas a todas las preguntas humanas. De hecho, lo que hace que nuestras vidas sean verdaderamente humanas es la interrogación incesante ante el Misterio, ante *"algo más grande"*, sin importar si tenemos tres o noventa y tres años. Este cuestionamiento nos permite ver las cosas cotidianas con el mismo asombro y maravilla que sentimos la primera vez que las vimos y permanecer con nuestros corazones abiertos al mundo que nos rodea.

Este cuestionamiento también hace que valga la pena vivir incluso en medio de grandes sufrimientos. Mournier vio a aquellos unidos por este enfoque de la vida como una comunidad única, un pueblo comprometido con la acción, con nuevas iniciativas que rompen terreno en el nivel más profundo de la experiencia humana y abren nuevas posibilidades para la humanidad. Los habitantes del mundo del sufrimiento son quienes realmente transforman el mundo. Son los verdaderos revolucionarios en nombre de la dignidad humana. Él escribe sobre aquellos que había conocido a través de tal experiencia:

> *"Siempre he pensado que duraríamos, en virtud del carácter orgánico de nuestros comienzos: es de la tierra, de su solidaridad, que se produce un nacimiento lleno de alegría… y un sentimiento paciente de un trabajo que crece, de las etapas que siguen, esperadas casi con calma, con seguridad (en medio del malestar de días de angustia). Es necesario sufrir para que la verdad no se cristalice en doctrina, sino que nazca de la carne."*

Para Mounier, esas palabras no fueron mera abstracción – él las vivió. Por años él y su esposa desearon un hijo, pero cuando su hija finalmente llegó, ella sufriría de una terrible enfermedad cerebral, que la dejó desfigurada. El cuidado de la niña afectó cada momento de sus vidas, día tras día. *"siento un gran cansancio"*, escribió *"y al mismo tiempo una gran calma. Creo que lo real, lo positivo, se da en la calma, por el amor a nuestra hija que se transforma dulcemente en una ofrenda, en una ternura que la supera, que tiene su origen en ella y que regresa a ella, transformándonos con ella"*.

En su profundo sufrimiento, se vuelve al Misterio del que surge el sufrimiento y hace una peregrinación a un lugar de milagros, rogando por un milagro, pero no el milagro de que la enfermedad sea curada. Él pide regresar a casa con la hija enferma y *"conocer la alegría de haber creído en la gratuidad de la gracia de Dios [y no en sus efectos terapéuticos automáticos], la alegría de saber que un milagro nunca se le niega a quien acepta de antemano la forma que tendrá cuando se le dé, incluso si fuera invisible, incluso si tuviera una forma crucificada, incluso si se tratara de una desgracia. Sin embargo, no se trata de una desgracia. Hemos sido visitados por Alguien muy grande"*.

Hemos sido visitados por Alguien muy grande

"*Hemos sido visitados por Alguien muy grande*" —esta es la experiencia más profunda de la que las personas son capaces ante el misterio del sufrimiento. La "*desgracia*" se convierte en un reclamo para ir más allá de la mera resignación hacia un compromiso activo—"*quedarnos contigo*", como dice a su hija. El co-sufrimiento nos hace estar ante aquellos que sufren con un profundo respeto y admiración. En estas experiencias, "Alguien muy grande" nos visita.

Y aún así, al considerar reflexiones anteriores, debemos preguntarnos: ¿Qué pasa con Germaine Greer? ¿Qué pasa con Elie Wiesel? Como vimos antes, Greer y Wiesel también experimentaron algo "*muy grande*" y fue un horror absoluto.

Adam Phillips cuenta la historia de John Cage, quien asistió a un concierto de obras compuestas por un amigo. El amigo también había escrito las notas del programa, en las que decía que esperaba que su música ayudara a disminuir el sufrimiento en el mundo. Después del concierto, Cage le dijo a su amigo que amaba la música pero no le gustaron las notas del programa. No pensaba que hubiera "*demasiado*" sufrimiento en el mundo. Según él, había la "*cantidad correcta*". De hecho, ideas como "*demasiado*" o "*demasiado poco*" muestran que alguien mide según un estándar. Pero ¿qué pasa si no hay un estándar? ¿Qué pasa si el mundo es lo que es porque así es como se resuelven todas las fuerzas de la naturaleza cuando interactúan entre sí en este momento de su evolución? Entonces, conceptos como "*demasiado poco*" simplemente indican gusto o preferencia, esas manifestaciones de *"naturaleza"* que nos gustan o no.

La única respuesta a la posición de Cage es reconocer que las exigencias más profundas del corazón humano de alguna manera van más allá de la *"naturaleza"* tal como la define la ciencia, ya que, en tal visión de la naturaleza, la cantidad de sufrimiento en el mundo es, precisamente como nota Cage, siempre justo lo que tiene que ser. En la medida en que el sufrimiento no admite *"explicaciones"*, a menos que podamos encontrar algo más que decir, Cage tendría razón.

Y sin embargo, también debemos reconocer la experiencia de Mounier—tanto el tremendo sufrimiento que él, su esposa y su hija experimentaron, como la tremenda gracia. De alguna manera aceptar sin cuestionar el sufrimiento de la familia Mounier parece insensible, y negar la gracia que experimentaron es desalmado. Nos enfrentamos a la realización de que, si realmente estamos vivos, siempre estaremos inquietos—llenos tanto del misterio de las preguntas como del misterio de la gracia.

La rebelión de Iván Karamazov

Pero si admitimos que todas las explicaciones sobre los orígenes del sufrimiento son inaceptables, entonces, ¿no es todo sufrimiento realmente sufrimiento inocente? ¿No es ese el punto, en la argumentación de Iván Karamazov en Los hermanos Karamazov de Dostoievski? Conviene recordar sus palabras. Rechazando el consuelo de que, al final de la historia, de alguna manera restauraremos la armonía herida por el sufrimiento de un niño, él exclama: *"¿Pueden ser redimidos al ser vengados? Pero, ¿qué me importa si son vengados, qué me importa si los torturadores están en el infierno, qué puede corregir aquí el infierno? Quiero perdonar, y quiero abrazar. No quiero más sufrimiento. Y si el sufrimiento de los niños contribuye a conformar la suma de sufrimiento necesaria para comprar la verdad, entonces afirmo de antemano que toda la verdad no vale tal precio. No quiero armonía, por amor a la humanidad no la quiero. Quiero quedarme con el sufrimiento no correspondido. Han puesto un precio demasiado alto por la armonía; no podemos permitirnos pagar tanto por la entrada".* ¿Quién de nosotros nunca ha sentido cierta simpatía por esta impresionante protesta, resonando en lo más profundo de nuestro corazón? Y la pregunta persiste: ¿Por qué esta protesta desgarradora? ¿Quién la puso allí? La rebelión de Iván Karamazov es al menos tan misteriosa como el sufrimiento que él denuncia. La naturaleza humana no es el origen del mal y del sufrimiento. El mal es algo totalmente ajeno a la forma en que estamos hechos, a nuestra identidad como personas. El mito del hombre y la mujer originales en el paraíso revela mucho más sobre cómo estamos hechos que el mal y el sufrimiento que han sido inseparables de la historia tal como la conocemos. El hecho de que el "hombre y la mujer de la prehistoria" carecieran de conocimiento del bien y del mal no los hace menos humanos que nosotros, sino más humanos. Es porque el mal es tan ajeno a cómo estamos hechos que el sufrimiento y la muerte son tan repulsivos. No podemos imaginar la historia sin la lucha que conlleva el sufrimiento, pero en lo más profundo de nuestros corazones escuchamos un eco lejano de lo que podría haber sido, de cómo estaba realmente destinada a ser la vida humana.

El sufrimiento, dijimos, nos pone en presencia de, en palabras de Mounier, "Alguien muy grande". Pero si esto es así, si este "Alguien muy grande" no es el origen de los horrores experimentados, entonces este Alguien debe ser alguien que pueda descender al infierno que hemos encontrado. Este Alguien debe ser capaz y estar dispuesto a entrar en una relación con nosotros que nos impida hundirnos en la soledad absoluta que es el infierno. Este Alguien debe ser capaz de amar incluso en el infierno, porque el infierno es ya no amar.

La redención del sufrimiento y el misterio del amor son inseparables. La respuesta al sufrimiento no es dejar de preocuparse, eso, de hecho, es el infierno, sino experimentar una preocupación que nos sostenga en nuestra humanidad tal como estaba destinada a ser. Esta es la redención que busca el corazón.

Un niño y su madre

El siguiente ejemplo debería ayudarnos a entender el argumento. Un niño cae mientras juega y se raspa las rodillas y los brazos. Por un breve momento, permanece en el suelo como si considerara su condición. Luego mira a su alrededor y ve a su madre a cierta distancia. Se levanta y, llorando fuertemente, como en la más angustiosa desesperación, corre hacia los brazos de su madre. Ella lo besa y lo consuela con palabras reconfortantes. El llanto del niño parece intensificarse al principio, como si viniera desde lo más profundo de su alma, pero luego disminuye rápidamente. No sorprende que, en un par de minutos, incluso esté sonriendo. Las heridas quedan sin tratar, el dolor no ha desaparecido, pero algo ha sucedido para que el niño ya no esté sufriendo. ¿Por qué?

El sufrimiento humano tiene dos dimensiones: subjetiva y objetiva. En nuestro ejemplo anterior, el sufrimiento objetivo del niño claramente se relaciona con el dolor de su caída. Esta es la fuente física del sufrimiento. Sin embargo, hay otro aspecto de este sufrimiento. Llamémoslo el sufrimiento psicológico. En nuestro ejemplo, sería el dolor de no poder seguir jugando, o tal vez la vergüenza de caerse en público.

Pero aún no es todo. Hay algo más experimentado por primera vez, quizás durante esos momentos de sorpresa antes de que el niño llore. Sí, podría ser que el niño, asustado por su caída, no haya comprendido completamente lo que ha sucedido. Pero no creo que eso sea todo. De cualquier manera que podamos imaginarlo en un niño pequeño, su sorpresa también contiene una percepción de injusticia, de desigualdad. Esto no debería suceder. ¿Por qué suceden estas cosas?

Quizás esta pregunta, esta protesta, se intensificó cuando notó a su madre porque ella le recuerda todo lo bueno y hermoso de la vida tal como él lo conoce. Eso, precisamente, es por lo que comienza a llorar entonces. Algunos podrían pensar que solo busca llamar la atención sobre sí mismo. Pienso que eso no es todo. Su llanto es también un grito de protesta, y, por el momento, la atención de su madre (cuando la ve y cuando ella comienza a consolarlo) intensifica esta protesta. Sin embargo, esto es lo que el amor de su madre ha conquistado. Porque, al final, el sufrimiento es transformado por el amor.

El niño pequeño de nuestro ejemplo tiene razón: no debería haberse caído. Los niños pequeños no deberían caerse y lastimarse mientras están jugando. La conciencia de este pequeño, quizás insignificante, es solo un indicio de lo que realmente puede suceder en este mundo: el sufrimiento de los niños que mueren de hambre o en un desastre natural. El sufrimiento moral, la experiencia de este mal, no puede ser tratado con terapias físicas y psicológicas.

El sufrimiento moral es percibido en última instancia como una absurdidad: el porqué del mal no puede ser respondido dentro del orden físico ni siquiera psicológico porque el mal tiene sus raíces en algo más allá.

Por eso, el sufrimiento no puede ser aliviado totalmente por la medicina y la psicoterapia. Puede parecer que sí si la ocasión inmediata del sufrimiento puede ser eliminada o si su dimensión más profunda es suprimida. Pero esto no es una curación real. La curación real ocurre cuando se trata la dimensión espiritual del sufrimiento. Por eso, el cuidado de la salud adecuado para los seres humanos debe buscar el alivio del sufrimiento que puede ocurrir incluso si no es posible aliviar el dolor físico o psicológico directamente. ¿Cómo se hace esto?

Podemos empezar a entender esto volviendo a nuestro ejemplo del niño pequeño. Su madre no hizo nada para aliviar su dolor físico. Cualquier sufrimiento psicológico que el niño esté soportando no ha sido tratado directamente. Su madre no necesita decirle nada comprensible; de hecho, si intentara explicarle que debería haber sido más cuidadoso o por qué el suelo está resbaladizo por alguna razón u otra, probablemente el niño lloraría aún más.

Lo que hace la madre toca las profundidades de su sufrimiento. Ella toca y calma la herida en su alma. Lo hace afirmando la relación de amor entre los dos. El amor le permite compartir las cargas de su hijo y así aligerarlas, de hecho, levantarlas por completo. Este toque de curación interior hecho posible por su amor alivia incluso el sufrimiento psicológico y físico de su hijo.

La libertad de amar

Sin embargo, el amor es imposible sin libertad; pero la libertad permite la posibilidad de actuar en contra del amor. La libertad para amar es lo que permite al ser humano escapar de las limitaciones de lo que la ciencia llama naturaleza y experimentar la justicia y la injusticia.

Hay una experiencia de libertad que es especialmente reveladora. Me siento libre cuando mis necesidades son satisfechas en todas sus dimensiones y manifestaciones. La libertad, por lo tanto, es la capacidad para la perfección, la capacidad para ser perfecto.

Pero sabemos muy bien que nada nos satisface de tal manera que nunca deseemos más de ello o algo más. Nuestros corazones desean la felicidad infinita, la satisfacción infinita. La libertad es la capacidad para lo infinito. Soy libre cada vez que camino por el camino que me lleva al infinito, a las estrellas. Si elijo actuar de una manera que me separe de mi destino infinito, pierdo algo de mi libertad y me acerco a ese abismo de no ser libre, es decir, de "no poder amar más". Solo puedo ser rescatado cuando la atracción de lo infinito gana sobre lo que me está alejando de él. Esta es la redención de mi libertad.

La redención del sufrimiento, inseparable del drama de la libertad, también debe tomar la forma de la presencia atractiva y amorosa de ese "Alguien muy grande" que me lleva a la infinitud que he perdido de vista. Este Alguien está dispuesto a co-sufrir conmigo y sostenerme como capaz de infinito, es decir, como libre. Sea como sea el Misterio de mi origen y destino, debe poseer de alguna manera esta capacidad de sostener mi libertad para amar a través del co-sufrimiento y estar definido por ella. Si llamo a este Misterio "Dios", entonces de alguna manera la identidad de Dios debe expresarse como el Amor Infinito revelado a través del co-sufrimiento con la humanidad.

Un evento transformador

El sufrimiento solo puede ser redimido por gracia, por un amor que se reconoce como incondicional, ilimitado, infinito. Paradójicamente, el drama del sufrimiento inocente que puede llevarnos a negar a Dios y a odiar la misma posibilidad de la existencia de Dios también puede llevarnos a descubrir a Dios. Co-sufrir, sin embargo, significa arriesgar nuestra identidad, y el Dios que nos redime del sufrimiento también debe estar dispuesto y ser capaz de correr ese riesgo, de aparecer ante nosotros como "no divino" o diferente del poder absoluto que asociamos con la divinidad. Como dijo el filósofo judío Emmanuel Levinas, si ha de haber una "encarnación de la Trascendencia", solo puede adoptar la forma de una humildad absoluta.

Los seres humanos pueden co-sufrir humildemente con aquellos a quienes aman, pero, al final, este co-sufrimiento solo puede ser limitado. Nuestra identidad, por así decirlo, no es lo suficientemente fuerte como para sostener plenamente la identidad de quien sufre. Al final, el amor por sí solo siempre se enfrenta a la muerte. No puedes amar tanto a alguien como para evitar que esa persona muera. Pero ¿qué pasa si el co-sufridor es el autor de nuestra identidad? Entonces este co-sufrimiento sería más fuerte que la muerte.

Por lo tanto, la redención del sufrimiento por co-sufrimiento "divino" no es una cuestión de justicia rectificando la injusticia del sufrimiento, como imaginó Iván Karamazov. Tales categorías no tienen sentido si el amor es la última palabra sobre el drama de la existencia humana. Pero si la existencia humana no se trata de amor, entonces tampoco se trata de libertad. En ese caso, la observación de Cage de que hay justa la cantidad de sufrimiento en el mundo sería la respuesta correcta al horror experimentado por Iván Karamazov, Germaine Greer, Elie Wiesel y muchos otros que en el siglo pasado se han encontrado con el misterio de la iniquidad que es el infierno.

La redención del sufrimiento, como indica nuestra experiencia, no se puede encontrar como una "respuesta última" a un problema: solo puede ser un evento que transforma el drama del sufrimiento en un drama de amor y muestra que el amor es más poderoso que su negación. La posibilidad de este evento sustenta una esperanza realista y una determinación infalible para proteger y defender la libertad y la dignidad de la vida humana.

La redención no elimina el sufrimiento. De hecho, así como el sufrimiento crea un "mundo" de sufrimiento, así también la redención del sufrimiento crea una comunidad de aquellos que aman y ofrecen un hogar a aquellos que sufren. Su presencia en el mundo del sufrimiento representa una invitación a los seres humanos libres para abrazar una nueva vocación, una nueva misión: unirse a la comunidad de "sufrimiento redentor", ayudar a completar lo que puede faltarle en sus recursos internos para ofrecer un hogar a aquellos que sufren, librándolos de la soledad que es el infierno.

Comenzamos con los comentarios de François Mauriac sobre Elie Wiesel, y es apropiado volver a Mauriac mientras cerramos nuestra discusión sobre el sufrimiento. Comprendo completamente las observaciones de Mauriac sobre su encuentro con Wiesel. Mauriac escribe:

> "¿Qué le dije a él? ¿Hablé de aquel otro israelí, su hermano que tal vez se le parecía —el Crucificado, cuya Cruz ha conquistado al mundo? ¿Afirmé que el tropiezo de su fe era la piedra angular de la mía, y que la conformidad entre la Cruz y el sufrimiento de los hombres era a mis ojos la clave de ese misterio impenetrable donde la fe de su infancia había perecido?... No sabemos el valor de una sola gota de sangre, una sola lágrima. Todo es gracia. Si el Eterno es el Eterno, la última palabra para cada uno de nosotros le pertenece a Él. Esto es lo que debería haberle dicho a este niño judío. Pero solo pude abrazarlo, llorando."

Capítulo 2

No puedes amar lo que te escandaliza

LO QUE ME GUSTARÍA HACER AHORA es reflexionar sobre la realidad del sufrimiento, tal como se nos permite vislumbrarlo a la luz de la fe. Debemos observarlo de una determinada manera si queremos responder a este desde la fe. Un ámbito en el que esto tiene una aplicación particular es el de la asistencia sanitaria católica, que depende de una comprensión de las problemáticas a las que nos enfrentamos desde la luz de la fe. Esta comprensión dará al ministerio de la asistencia sanitaria ese factor único que el mundo necesita desesperadamente (que siempre ha necesitado) pero aún más ahora. Además, me gustaría examinar la cultura contemporánea en la que vivimos, porque las percepciones sobre el sufrimiento que provienen de la fe nos ayudarán a responder a lo que, de otro modo, es un enfoque profundamente equivocado a la hora de abordar el sufrimiento humano.

"La ternura conduce a la cámara de gas". Esta es una cita de una novela de Walker Percy titulada El síndrome de Thanatos, publicada en 1987. Todas las personas que se dediquen a la asistencia sanitaria deberían leer este libro para comprender el contexto en el que desempeñan su trabajo y extienden su ministerio hoy. La cuestión que se plantea es que, a la luz del inmenso sufrimiento del mundo, nos encontramos ante un choque entre dos enfoques distintos: la "ternura" frente a la redención del sufrimiento.

Las palabras de Percy son el eco de una reflexión de la gran novelista sureña Flannery O'Connor en la "Introducción a *Las Memorias de Mary Anne*" [*A Memoir of Mary Anne*] de su colección de ensayos *Misterio y Memorias* [*Mystery and Manners*]. La Hermana Superiora del Hogar Gratuito contra el Cáncer Nuestra Señora del Perpetuo Socorro de Atlanta le pidió a Flannery O'Connor que escribiese la historia de una niña que había sido ingresada con un cáncer incurable a los tres años y que murió de su enfermedad a los doce. Nació con un tumor lateral en su rostro que condujo a la pérdida de un ojo. Al parecer, Mary Ann tuvo un enorme impacto en la vida del hogar, y las hermanas querían plasmar su experiencia durante aquellos nueve años, por lo que pidieron a Flannery O'Connor que escribiese sobre esto. La respuesta de O'Connor fue característicamente poco sentimental: "las historias de niños piadosos tienden a ser falsas". Sugirió a las hermanas que lo escribiesen ellas mismas y se ofreció a editarlo y a escribir una introducción.

La sabiduría de Hawthorne y su hija

La congregación encargada del hogar donde vivía Mary Ann se llamaba *Siervos para el alivio del cáncer incurable* [*Servants for the Relief of Incurable Cancer*], fundada por la

No puedes amar lo que te escandaliza

Madre Mary Alphonsa, hija de Nathaniel Hawthorne, el célebre autor de *La letra escarlata*. Cuando Flannery O'Connor se enteró, releyó inmediatamente uno de los cuentos de Hawthorne titulado "La marca de nacimiento". En esa historia, hay un hombre llamado Aylmer cuya esposa se llama Georgiana, que tiene lo que según él era un lunar bastante feo en el rostro.

Él nunca le había dicho que su lunar le repelía.

Un día, muy poco después de casarse, Aylmer se sentó a mirar a su esposa con un creciente semblante afligido, hasta que decidió hablar.

> *"Georgiana", dijo él, "¿nunca se te ha ocurrido que el lunar de tu mejilla podría quitarse?".*
>
> *"No realmente", dijo ella, sonriendo. Pero percibiendo la seriedad de su actitud, se ruborizó profundamente. "A decir verdad, se ha dicho tantas veces que es un amuleto, que fui lo bastante sencilla como para imaginar que podría serlo".*
>
> *"Ah, en otro rostro podría ser", replicó su marido; "pero nunca en el tuyo. No, queridísima Georgiana, saliste casi tan perfecta de la mano de la naturaleza que este mínimo defecto, que dudamos si llamar defecto o belleza, me choca, por ser la marca visible de la imperfección terrenal."*
>
> *"¡Te escandaliza, esposo mío!", gritó Georgiana, profundamente herida; al principio enrojeció con ira momentánea, pero luego rompió en llanto. "Entonces, ¿por qué me apartaste del lado de mi madre? ¡No puedes amar lo que te escandaliza!"*

Esta cita contiene el punto clave que Flannery O'Connor quiere plantear: "No puedes amar lo que te escandaliza". Esta mujer perdió la fe en el amor de su marido, porque resulta que a él le escandalizaba un defecto físico. Él dice: "saliste casi tan perfecta de la mano de la naturaleza", que sintió una necesidad desesperada de eliminar esa imperfección. Parece que ella era tan hermosa, que esta marca le molestaba y quería quitársela.

O'Connor señala que, al parecer, el propio Hawthorne luchó con el mismo problema que Aylmer. Hace referencia a otro relato titulado "Nuestro viejo hogar", en el que Hawthorne describe los esfuerzos de "un caballero exigente". Un niño desdichado que lo seguía, era de aspecto tan horrible que no podía decidir de qué sexo era. Cuando el pobre niño extendió los brazos hacia el hombre para que lo tomara en sus brazos, éste lo recogió renuentemente y lo sostuvo. Hawthorne comenta:

No podía ser fácil para él hacerlo, ya que era una persona cargada con algo más que la reserva habitual de un inglés. Era tímido del contacto real con los seres humanos, aquejado de una peculiar aversión por todo lo que fuera feo y, además, acostumbrado a ese hábito de observación desde un punto de vista aislado que se dice (aunque espero que erróneamente) que tiende a helar la sangre. Así que observé la lucha en su mente con bastante interés, y soy de la opinión de que realizó un acto heroico, y llevó a cabo más de lo que soñaba hacia su salvación final, cuando abrazó al repugnante niño y lo acarició tan tiernamente como si hubiera sido su padre.

El bien siempre está en construcción

En algunos de los cuadernos publicados después de la muerte de Hawthorne, resulta que este incidente era biográfico, que le había ocurrido al propio Hawthorne, y que realmente había tenido que luchar contra la repulsión de acercarse a esa cosa tan fea y deforme. Sin embargo, Hawthorne alzó al niño. Al hacerlo, superó su conmoción y repulsión. A diferencia de Aylmer con "el lunar", cuya única solución a lo que él consideraba una deformidad era la cirugía, el exigente caballero de "Nuestro viejo hogar" reconoció que tenía un problema espiritual. Había algo dentro de él que no estaba bien, aunque no lo comprendiera del todo. A pesar de esta limitación, sabía que tenía que aceptar al niño tal como era.

O'Connor afirma que Rose, la hija de Hawthorne, modeló deliberadamente la comunidad de hermanas que fundó basándose en el relato corto de su padre, para atender a los incurables. Según O'Connor, las hermanas "no se escandalizaban por nada y... amaban tanto la vida, que pasaban sus propias vidas haciendo sentir cómodos a los que habían sido declarados incurables de cáncer".

Creo que la negativa a escandalizarse o sentir repulsión ante el sufrimiento es el llamado de todo cristiano. Tenemos que acercarnos a los que sufren con una profunda aceptación de su agonía en lugar de intentar eliminar o destruir su experiencia. No podemos ser ciegos ante el sufrimiento; no podemos aislar a los que sufren, ni podemos utilizar la ciencia médica para destruir al que sufre cuando nuestro intento de curar la enfermedad ha fracasado.

Mucha gente acudía a esa casa y visitaba a Mary Anne, dice O'Connor. Tal vez al marcharse, se les decía que pensaran en lo agradecidos que debían estar de que Dios les haya enderezado el rostro. Luego, ella comenta: "Es dudoso que alguno de ellos fuera tan afortunado como Mary Anne". O'Connor explica por qué algunas personas se escandalizan por la desfiguración y otras no. Concluye que los que no se escandalizan son de alguna manera capaces de reconocer la presencia de la bondad o incluso de una especie de belleza. El rostro del bien, dice O'Connor, es grotesco en los seres humanos. El bien en nosotros, relata, está siempre en construcción, y cuando nos enfrentamos a lo impactante, la tarea debe ser utilizarlo para construir el bien en lugar de eliminarlo. De este modo, hacemos algo bueno en medio de la imperfección.

Mary Anne murió, y Flannery O'Connor comenta lo siguiente:

> El obispo Hyland predicó el sermón fúnebre de Mary Anne. Dijo que el mundo preguntaría por qué Mary Anne debía morir. El Obispo estaba hablando a su familia y amigos. No podría estar pensando en ese mundo mucho más lejano, pero que está en todas partes, que no preguntaría por qué debía morir Mary Anne, sino por qué debía nacer en primer lugar.

Una de las tendencias de nuestra época es utilizar el sufrimiento de los niños para desacreditar la bondad de Dios. Y una vez que has desacreditado su bondad, no quieres tener nada que ver con Él. Los Aylmer, a quienes Hawthorne veía como una amenaza, se han multiplicado. Ocupados en cercenar la imperfección humana, avanzan también sobre la materia prima del bien. Ivan Karamazov no puede creer mientras un niño siga atormentado. El héroe de Camus no puede aceptar la divinidad de Cristo a causa de la masacre de los inocentes. En esta lástima popular, establecemos nuestra ganancia de sensibilidad y nuestra pérdida de visión. Si otras épocas sentían menos, veían más, aunque vieran con el ojo ciego, profético y no sentimental de la aceptación, es decir, el de la fe. Ahora, en ausencia de esa fe, gobernamos con ternura. Es una ternura que, desvinculada desde hace tiempo de la persona de Cristo, se envuelve en la teoría. Cuando la ternura se desprende de la fuente de la ternura, su resultado lógico es el terror. Termina en campos de trabajos forzados y en los humos de la cámara de gas.

Dos tipos de dolor

Cuando sentimos lástima por los afligidos porque se apartan de nuestra noción de perfección, nuestra pena es destructiva. O'Connor lo llama "lástima popular". No está diciendo que no debamos sentir pena por el sufrimiento de alguien. Pero nos pide que examinemos qué tipo de pena sentimos y nuestra noción de la solución. Dice que esta "lástima popular" ha llevado a una pérdida de visión, a la incapacidad de ver algo bueno en el sufrimiento. Otras épocas, dice, estaban más acostumbradas a lo grotesco, y esto de alguna manera los llevaba a ver más, porque veían con los ojos de la fe. Ella llama a esta fe "el ojo ciego, profético y no sentimental de la aceptación". En lugar de fe, tenemos sentimentalismo, ternura y teoría. Si hemos perdido la capacidad de vincular el sufrimiento a la persona del Cristo sufriente, entonces el sufrimiento se convierte meramente en un problema que hay que arreglar, una desfiguración que hay que eliminar. Es este impulso el que lleva a las cámaras de gas.

Una frase muy utilizada por los que propagan la ternura es "calidad de vida". Se trata de un concepto muy peligroso. Cuando ya no vemos la bondad de la vida de personas totalmente indefensas, totalmente dependientes y que incluso pueden estar sufriendo, sentimos que la única solución a su sufrimiento es otorgarles la muerte. Por muy comprensible que sea querer que termine el sufrimiento de alguien, nuestra piedad se vuelve mala cuando se ha desprendido de la fuente de la ternura, que es la persona de Cristo.

La idea de que la clase médica -la asistencia sanitaria tal y como la conocemos hoy día- se rige por una falsa ternura y, por consiguiente, está destruyendo vidas, es el tema de la novela futurista El *síndrome de Thanatos*, de Walker Percy. El incidente concreto en el que se basa el libro es un experimento realizado mediante un acuerdo secreto entre miembros de una comunidad médica y algunas personas del gobierno federal con el fin de eliminar la delincuencia. Los científicos introducen en secreto, sustancias químicas en el suministro de agua de la ciudad que supuestamente reducirán la violencia, la codicia y otros males. Y al principio funciona: se elimina la imperfección humana, convirtiendo la ciudad en una comunidad idílica. El problema es que muchas cosas más están desapareciendo también: la capacidad de compromiso, de conmoción, de ira. El protagonista, Tom More, psiquiatra y agnóstico que ha pasado tiempo en la cárcel por vender medicamentos recetados, se da cuenta de que algo va mal y se propone averiguar qué es.

Tom More cuenta con la ayuda de un viejo cura loco llamado Padre Smith, que vive en la cima de una torre vigilando que no se produzcan incendios (una astuta alusión a San Simeón Estilita). Su obispo le ha asignado una parroquia, pero nunca aparece. El padre Smith sirve como portavoz de la crítica de Percy a la sociedad contemporánea. Percy elige a propósito a una persona a la que todo el mundo considera demente, porque quiere mostrar cómo la Iglesia entiende y responde a la imperfección y el sufrimiento humano y que esta respuesta está cada vez más al margen de la "tierna" respuesta de la asistencia sanitaria contemporánea.

La "ternura" lleva a la cámara de gas

El Padre Smith, en su explicación de lo que le perturba, hace eco de una de las principales críticas de Percy a la cultura actual. Percy dice en uno de sus ensayos: "las palabras han sido privadas de su significado. Hemos experimentado un cambio de lenguaje, o más bien un cambio de significado de las mismas palabras". ¿Qué es esta "devaluación del lenguaje"? Es un poco como la devaluación de la moneda. El billete parece el mismo, pero no vale tanto. Las palabras son las mismas, pero no significan lo mismo. El significado que las palabras solían poseer en Occidente (en gran medida influenciadas por la fe bíblica) ha sido arrebatado, y hemos perdido el valor de reconocer ciertos signos. Percy llama a esto una "evacuación de signos". El lenguaje (que es un sistema de signos) ya no media la realidad como antes. Para que el lenguaje se adapte a lo que O'Connor identificó como una pérdida de visión (o de fe) se intenta rediseñar la cultura contemporánea, rehacer la realidad. Y cuando esto no se puede hacer, cuando algunas cosas como el sufrimiento y el pecado se niegan a desaparecer, entonces la tendencia es intentar destruir la causa.

En esta línea, Percy trae a colación el ejemplo de los judíos. De algún modo, los judíos se niegan a desaparecer, y siguen siendo un aguijón clavado en el costado de muchos. El sacerdote dice que los judíos han sido perseguidos a causa de la relación única de ese pueblo con Dios. Y por eso se hace todo lo posible para secularizar, para devaluar esa relación única. Pero cuando ese esfuerzo fracasa, llega el Holocausto.

Esto es lo que dice el P. Smith a Tom More. Pone como ejemplo a un médico que conoció en Alemania y que derramaba lágrimas ante el sufrimiento de los niños. El sacerdote lo conoció antes de la Segunda Guerra Mundial y, al final de la guerra, descubrió que era uno de los médicos jefe de un campo de concentración que utilizaba a niños judíos en experimentos médicos con el fin de descubrir formas de ayudar a otros niños, presumiblemente arios. El cura dice:

> *Si usted es un amante de la humanidad en abstracto como Walt Whitman, que deseaba lo mejor para la Humanidad, probablemente no hará daño e incluso puede que escriba buena poesía y brinde placer…*
>
> *Si usted es un teórico de la humanidad como Rousseau o Skinner, que cree entender el cerebro del hombre y en la soledad de su estudio o laboratorio escribe libros sobre el tema, también es probablemente inofensivo e incluso podría contribuir al conocimiento humano….*
>
> *Pero si junta a los dos, un amante de la humanidad y un teórico de la humanidad, lo que tiene ahora es a Robespierre o Stalin o Hitler y el terror, y millones de muertos por el bien de la humanidad.*

Nótese cómo éste es el mismo punto que Flannery O'Connor señala cuando dice: "Cuando la ternura se desprende de la fuente de la ternura [Cristo], su resultado lógico es el terror." Tanto Percy como O'Connor creen que se trata claramente de una obra satánica. Cuando Percy habla de las palabras despojadas de su significado, el sacerdote habla del Gran Depredador que libra una guerra contra la humanidad.

Al final de El síndrome de Thanatos, cuando se resuelven todos los misterios y de alguna manera este sacerdote es capaz de instalar un hospital para esos pacientes que nadie quiere, se celebra una misa. Todo tipo de gente importante se encuentra allí. Periodistas, médicos, políticos, etc. y el cura entra tropezándose (quizá ha bebido un poco antes) para dar la misa.

Lo que sigue es parte de su homilía:

> Escúchenme queridos médicos, queridos hermanos, queridos cualitaristas, abortistas, eutanasistas. ¿Saben por qué me van a escuchar? Porque cada uno de ustedes es mejor persona que yo y lo saben. Sin embargo, les caigo bien. Hasta el último de ustedes me conoce y sabe lo que soy, un cura fracasado, un viejo borracho que sólo sirve para una cosa y para decirles una cosa. Ustedes son médicos buenos, amables, trabajadores, pero a pesar de todo les caigo bien y sé que me permitirán decirles una cosa, no, pedirles una cosa, no, rogarles una cosa. Háganme este favor, queridos médicos. Si tienen un paciente, joven o viejo, sufriente, moribundo, afligido, inútil, nacido o por nacer, al que por las mejores razones desean ponerle fin a su miseria, sólo les pido una cosa, queridos médicos. Por favor, envíenlo a nosotros, no los maten, los aceptaremos, a todos. Por favor, envíenoslos. Les juro que no se arrepentirán. Todos nos alegraremos. Les prometo, y sé que me creen, que cuidaremos de él, de ella, incluso los llamaremos para que nos ayuden a cuidarlos, así no tendrán que tomar una decisión de tal magnitud. Dios los bendecirá por ello y no ofenderán a nadie, excepto al gran príncipe Satanás que gobierna el mundo.

La misión de los fieles -los llamados a sufrir con nuestros semejantes- la resume este sacerdote.

Capítulo 3

Sufrimiento y Dolor

NO PUEDES AMAR LO QUE te escandaliza. No debemos responder al sufrimiento con sensibilidad sentimental, que como advierte O'Connor, cuando "se separa de la persona de Cristo comienza a ser mortífero." ¿Cuál sería, entonces, la respuesta de la palabra de Dios ante el sufrimiento?

Un buen punto de partida es diferenciar entre el sufrimiento y el dolor. El dolor es un síntoma real que nos avisa que algo anda mal a nivel de nuestra propia existencia. Los seres humanos existen en cuatro dimensiones: el físico, el psicológico, el emocional y el espiritual. La mayoría de nosotros entendemos el dolor físico, emocional y psicológico. Pero por dolor espiritual me refiero a la experiencia de que algo falta en nuestro sentido del yo. Perdemos el contacto con nuestra propia identidad.

Este dolor es espiritual. En todas estas dimensiones, sentimos como si estuviéramos enviando un S.O.S., un grito de auxilio. Utilicemos una palabra teológica. Es un clamor por la salvación. Queremos ser salvados.

El grito del Alma

El sufrimiento es la conciencia del dolor, el tipo de conocimiento que suscita la pregunta "¿por qué?". Este impulso de preguntar por qué, es en sí mismo provocador. El Libro de Job es uno de nuestros ejemplos más dramáticos de una persona que necesita saber por qué sufre y por qué cada una de las explicaciones que recibe son insuficientes. Si preguntamos por qué, significa que tenemos alguna idea de cómo debería ser y algo ha sucedido que no encaja dentro de esa visión del mundo. Entonces, preguntamos por qué, a la luz de una imperfección inexplicable que no se puede justificar. De este modo, el sufrimiento nos hace ir más allá de nuestra visión preconcebida del mundo hacia algo más, y ése es el primer reto: intentar encontrar la respuesta en algo más.

La pregunta es una exigencia, una súplica, para que la falta o imperfección percibida del yo y del mundo pueda accederse a través de la razón y rectificarse o, al menos, recibir una respuesta. En realidad, sin esta experiencia de imperfección, la noción de la razón no existe. Sin el sufrimiento, nunca nos preguntaríamos por qué. Todo sería inmediatamente evidente.

En la cultura actual, todo debe tener una explicación inmediata o ser evidente. Si creemos que es así, entonces no podemos relacionarnos con el sufrimiento. No podemos relacionarnos con nuestro propio sufrimiento ni con el de otra persona, a menos que estemos dispuestos a aceptar esta pregunta e ir más allá. La formulación de esta pregunta demuestra que estamos convencidos de que es posible dar una respuesta, que hay un esquema superior de raciocinio al que queremos ser elevados para poder enfrentarnos a la realidad del sufrimiento.

Por lo tanto, el sufrimiento -que incluye esta pregunta- es una muestra de la convicción de que en algún lugar debe haber una fuente de razón que siempre está por encima de nuestra capacidad de apreciar y captar en ese momento. Si no es así, Debemos conformarnos con el hecho de que "simplemente funciona así." La respuesta al sufrimiento no puede suprimir la pregunta.

El grito del alma

El sufrimiento es un grito a Dios que caracteriza a la persona, y violentamos a la persona cuando intentamos extinguir ese clamor. Si intentamos librarnos del dolor de modo que no nos veamos impulsados a clamar; si no existe un esquema superior; si no existe Dios, no tiene sentido hablar del sufrimiento tal y como lo siente realmente el ser humano. Todas las imperfecciones o dolores específicos quedan eclipsados por el dolor universal, que es la muerte.

El sufrimiento a la luz de la muerte es la gran interrogante, la gran manifestación de la vida humana, de la persona, de lo que nos distingue y nos hace humanos. Confrontados con el fenómeno de nuestra muerte o de la muerte de un ser querido, clamamos a voces por una explicación. Existencialmente hablando, si no existiera la muerte, si no experimentáramos la muerte como el máximo dolor, la vida misma carecería de razón por sí sola, más bien tendría cualquier razón que arbitrariamente le asignáramos. Si no se respeta la muerte, si no nos lleva a buscar, a gritar, a pedir una respuesta, nos estamos declarando dioses de la vida.

Negar la muerte es comportarnos como un dios. La muerte nos revela la existencia del sentido supremo, no revelándonos su naturaleza, sino obligándonos a buscar una respuesta. Creo que muchas de las dificultades que tenemos para comprender la muerte surgen porque no queremos buscar ese sentido supremo. Si la muerte deja de ser un problema, un misterio, entonces el sufrimiento del moribundo carece de sentido.

¿O quizás tenemos miedo de preguntar, miedo de ir más allá? Y aún así, la muerte es el hecho ineludible de la vida de cada ser humano.

O'Connor dijo lo siguiente de Mary Anne: "Ella y las Hermanas que le habían enseñado habían modelado a partir de su rostro inacabado el material de su muerte. La acción creadora de la vida cristiana consiste en prepararse para su muerte en Cristo. Es una acción continua en la que se utilizan al máximo los bienes de este mundo, tanto los dones positivos como lo que Père Teilhard de Chardin denominaba disminuciones pasivas".

"La acción creativa de la vida cristiana consiste en prepararse para su muerte en Cristo." Lo que da sentido a nuestras vidas es el sentido que le damos a nuestra propia muerte y a la muerte de nuestros seres queridos, de aquellos que están ligados a nuestra identidad, porque ser una persona nunca sucede como una experiencia aislada. Siempre existimos en función de los demás, y es nuestra relación con los demás lo que nos convierte en alguien. Cuando sufren o mueren nuestros seres queridos, también se producen nuestro propio sufrimiento y nuestra propia muerte. Sucede así incluso si la otra persona es alguien que no conocemos, porque, al final, todos estamos unidos en nuestra humanidad. Por este motivo, la muerte de otra persona es un desafío para nosotros, porque precede a nuestra propia muerte.

Sufrimiento y Dolor

Protagonistas de una obra

Por tanto, a la luz de esa solidaridad humana, cada uno de nosotros percibe que el sufrimiento y la muerte son indicios de que no estoy completo. La muerte y el sufrimiento nos llevan a cuestionar. Y cuando cuestionamos, cuando clamamos por respuestas desde nuestro sufrimiento, clamamos a Dios; a la fuente del sentido supremo. Y de este modo, entablamos un diálogo con Dios. Si lo hacemos, significa que creemos que existe un autor de nuestras vidas, un creador de la humanidad. Nosotros no somos ese autor, sino protagonistas en la obra del autor. Nuestra tarea, por lo tanto, es comprender el guion. Y sí, no sólo debemos tratar de entender, sino amar la obra, el drama, y amar nuestro papel único dentro del mismo: ser protagonistas, y no sólo un extra en el drama de la vida.

Este drama fue escrito desde más allá de nosotros. Si no hay guion dramático, entonces toda la vida es una improvisación, y podemos bajarnos del escenario en cualquier momento que queramos. Si improvisamos, nosotros somos el autor; de hecho, no hay obra, sólo hay miles de millones de improvisaciones. Pero si hay un autor distinto a nosotros, si existe un guion, nosotros somos los *dramatis personae* y sabemos que el drama tiene un final que buscamos comprender. El sufrimiento es ese diálogo entre el hombre que cuestiona a Dios y Dios que quiere dar sentido al drama del final de la vida del hombre. Entonces surge la pregunta: ¿Quién soy yo a la luz de este drama?

En su libro *Confesiones*, San Agustín relata el impacto que sintió tras la muerte de su amigo. Escribió lo siguiente, "Me convertí en una gran pregunta, acertijo o enigma para mí mismo" (Factus eram ipse mihi magna quaestio). Medita en su sufrimiento y cuestionamiento a Dios. Me parece significativo que también cuestiona su identidad.

Sufrir no es estar paralizado por el dolor. Al contrario, es esforzarse por seguir adelante, caminar a partir del dolor, mirar hacia el futuro. Por eso el sufrimiento tiene un carácter profético. Está encaminado más allá del yo. Si se suprime por completo el dolor, se elimina la posibilidad de trascender el yo. Creo que esto es muy importante, porque no se trata sólo de nuestro dolor a la luz de nuestra propia muerte, sino de nuestro dolor a la luz de alguien a quien amamos. Si buscamos a toda costa abolir el sufrimiento, eliminamos la posibilidad de cuestionar, de pensar, de esforzarnos por seguir adelante y mejorar. De hecho, debemos hacer todo lo posible por reducir el dolor para que no se vuelva paralizante, y que más bien pueda propiciar ese cuestionamiento, ese diálogo con Dios. Ese es el único contexto adecuado para el sufrimiento humano. Sin Dios, el sufrimiento es una abominación que debe ser erradicada.

El dolor físico y psicológico puede ser atenuado, o quizás completamente suprimido, por la medicina. Esto es algo bueno. Pero cuando la cultura actual intenta suprimir el dolor espiritual, está suprimiendo el diálogo con Dios, el cuestionamiento que nos lleva más allá del yo.

El significado del dolor espiritual

¿Cómo se suprime el dolor espiritual? Se suprime a través de utopías, teorías, ilusiones, ídolos, mentiras, a través de falsas teologías que proporcionan una especie de anestesia al dolor espiritual. "Nos enfrascamos en la teoría", como dice O'Connor, buscando suprimir el dolor espiritual para que no nos conduzca al cuestionamiento, al sufrimiento.

Todas las utopías, teorías, ilusiones, ídolos y falsas teologías son espiritualmente estériles. Lo que sí es fecundo, sin embargo, es cuando se dirige el dolor espiritual a Dios como una oración, como una plegaria, incluso como una exigencia o una confesión. Sólo entonces existe la posibilidad de redimir el sufrimiento. Ésta es la única respuesta al sufrimiento que no niega la realidad ni extingue algún aspecto fundamental e importante de nuestra vida como personas.

El sufrimiento es un clamor por la salvación, y la respuesta a él debe ser su redención. Sólo Dios puede concederla. No somos dioses. No somos los autores del guion. En la medida que creemos que somos nuestro propio autor, la noción de la redención del sufrimiento carece de sentido. Sin esta comprensión de la redención del sufrimiento, permanecemos al nivel del dolor; siendo prisioneros de él. Esta es la muerte de nuestra condición como persona. Todo se empezará a dirigir hacia la negación del dolor, hasta llegar a la negación de la propia muerte natural en forma de eutanasia. Si esto sucede, quedaremos presos de nuestra resistencia a mirar más allá de lo puramente material, y perderemos la capacidad de captar la realidad de la trascendencia.

Nuestra cultura contempla la vida, a grandes rasgos, como una secuencia de funciones mecánicas y, por lo tanto, el dolor se entiende como un error en un sistema cerrado, lo que elimina el drama de la vida personal, que está orientado hacia la trascendencia. El dolor es simplemente algo que tenemos que corregir. Cuando reflexionemos acerca de la relación entre el sufrimiento y el pecado, nos daremos cuenta que la cultura contemporánea ve el pecado como equivocaciones, errores de funcionamiento, imperfecciones. Esta manera de interpretar la humanidad no deja espacio para el drama de la vida. Si existe un drama, existe un autor, existe un guion, el sufrimiento y la redención se experimentan comprendiendo el drama, y experimentándolo como un auténtico protagonista.

Aceptar que somos protagonistas de un drama cósmico significa salir de nuestro mundo material e ir más allá. Es un indicio de nuestra libertad. No nos conformaremos con la idea de que la vida no tiene sentido, de que no hay drama, de que simplemente improvisamos Creer que somos nuestros propios dioses es una ilusión, una negación de la realidad del sentido existencial de la vida. Pero si avanzamos más allá del mundo material en busca de una respuesta al sufrimiento, entonces entramos en diálogo con el creador, y emprendemos el camino hacia la trascendencia.

Esto nos remite a otro concepto: el del co-sufrimiento. En la carta apostólica Salvifici Doloris sobre el sufrimiento, San Juan Pablo II habla del "mundo" del sufrimiento. Existe una solidaridad natural -si me permiten usar este término- entre los que sufren. Cuando alguien sufre con nosotros, nos convertimos cada vez más en personas -seres - que caminan juntos hacia la trascendencia. Quien no reconoce la solidaridad fundamental de la humanidad, de la que surge el deseo de co-sufrir con el prójimo, no es plenamente humano y sigue siendo un objeto, no una persona. Esta persona no es libre; se ha vuelto incapaz de dialogar, porque su vida consiste en un monólogo consigo mismo y no un diálogo con los demás y con Dios.

Sufrimiento y Dolor

Tratar a alguien como un objeto es una injusticia radical. Es un homicidio espiritual. Lo peor que se le puede hacer a una persona es tratarla como un objeto, una cosa. Por lo tanto, hacer todo lo posible para evitar el dolor con el fin de negar el sufrimiento es tratar a alguien como un objeto. Quitarle a alguien el dolor y el conocimiento del sufrimiento es una injusticia radical. Nuestra respuesta, a la luz del sufrimiento de esa persona, debería ser unirnos a ella en co-sufrimiento. Sólo así afirmaremos su humanidad intrínseca, creada a imagen y semejanza de Dios.

Capítulo 4

Sufrimiento, Gracia, Identidad

REGRESO CONSTANTEMENTE A ESA gran frase: "No puedes amar lo que te escandaliza". Flannery O'Connor dijo que a las hermanas de Atlanta "no las escandalizaba nada". Si nos escandaliza el sufrimiento, si nos repugna, intentaremos eliminarlo a toda costa, incluso matando a la persona que sufre. Justificaremos esta respuesta con la ternura, la ternura mortífera que está, como ella misma dijo, "envuelta en la teoría". La teoría, sea cual sea su formato -filosófico, político, social, religioso o teológico-, es un gran anestésico que elimina el dolor espiritual en el que el sufrimiento; el auténtico sufrimiento humano, se centra.

Negarse a aceptar el desafío del sufrimiento refleja lo alérgica que es nuestra cultura a la trascendencia. Parafraseando nuevamente a O'Connor, la imperfección humana es un indicio de la trascendencia. Es un indicio de lo incompletas que están nuestras vidas en la tierra, una incompletitud en el corazón mismo de lo que estamos llamados a ser y para lo que fuimos creados como seres humanos. La cultura occidental contemporánea es incapaz de afrontar la condición de persona. En consecuencia, se niega la realidad del ser humano que nos conduce hacia la trascendencia, al reducir a la persona al nivel de un objeto (un objeto que puede ser manipulado). De este modo, todo sufrimiento se convierte en un simple problema técnico que necesita ser reparado.

Pero no debemos tratar a los seres humanos como objetos. Esto supondría que hemos reducido la vida de la persona a un monólogo, un monólogo improvisado que carece de sentido. La verdadera vida de la persona consiste en un diálogo constante, un diálogo con el otro, con los demás. La vida humana es un drama porque la libertad humana nos dirige hacia el autor de este drama, hacia un guion que no fue escrito por nosotros ni fue escrito en la tierra. Es interesante que el Libro de Job comienza en el cielo, donde se escribe el drama que está a punto de desatarse. Las versiones relativamente modernas de esta historia, como el Fausto de Goethe, por ejemplo, también comienzan con un diálogo en el cielo.

El sufrimiento nos hace enfrentarnos con el misterio de la trascendencia de la persona y su orientación hacia una realidad espiritual que no es de este mundo.

Irónicamente, la existencia del sufrimiento se ha utilizado para desacreditar la existencia de Dios. Yo propongo que el sufrimiento existe porque existe Dios. El sufrimiento es una señal de Dios, un grito dirigido al autor de la vida. Nuestra respuesta al sufrimiento debe ser caminar hacia Dios junto al que sufre, arriesgar nuestra propia identidad relacionándonos con el que sufre en su cuestionamiento. Muchas veces el que sufre se encuentra en un estado físico o mental en el que no puede cuestionar nada. Entonces debemos cuestionar por él. De una forma misteriosa, se establece una solidaridad entre el que sufre y el co-sufriente. Ser un co-sufriente significa integrar la condición propia de persona con la del otro, ya que el sufriente clama a Dios. Esto quiere decir que el sufrimiento auténtico es un diálogo.

Claro está que co-sufrir no significa sentir el dolor ajeno, sino compartir el cuestionamiento existencial del sufriente. Pretender sentir el dolor físico del otro equivale a sentimentalismo, a ternura artificial. Co-sufrir, o acompañar al que sufre, significa caminar a su lado hacia la trascendencia. Quien no co-sufre y no está dispuesto a hacerlo no puede hablar del tema. En palabras de Walker Percy, esa persona no conoce la verdad ni la habla. Es un mentiroso, un embaucador. La tarea de alguien que se enfrenta al sufrimiento de otro, especialmente las personas que trabajan en el sector de la salud, es estar dispuesto a co-sufrir. El co-sufrimiento afirma la personalidad del que sufre y constituye un acto de amor. El co-sufrimiento nos permite amar al que sufre.

La Estructura Simbólica del Sufrimiento

El sufrimiento tiene una estructura simbólica. Permítanme explicar lo que quiero decir con esto. Utilizo "símbolo" en el sentido griego original del término. En el mundo antiguo, un símbolo era una mitad. Si, por ejemplo, ibas a reunirte con alguien y no conocías a esa persona, cortabas un trozo de cerámica por la mitad: te quedabas con una mitad y la otra se la enviabas a esa persona (algo parecido a lo que solían hacer en las novelas de espías). Luego, en el momento de establecer esa relación, sacas tu mitad y

Sufrimiento, Gracia, Identidad

la otra persona saca la suya y, si coinciden, se establece la relación.

Este evento es simbólico — la palabra "símbolo" lo indica. Al decir que el sufrimiento tiene una estructura simbólica, al decir que une a las personas, las une hacia una empresa específica, el camino a la trascendencia, hacia lo desconocido, hacia el misterio del autor del drama que experimentan juntamente como protagonistas. Esto los une en solidaridad. Los une en diálogo.

¿Qué es lo contrario a lo simbólico? Lo diabólico. La incapacidad de compartir ese sufrimiento, de co-sufrir, de amar... es una realidad diabólica. Separa, divide. Creo que Percy tiene razón en cuanto a nuestra incapacidad de responder al sufrimiento mediante el sufrimiento compartido. Incluso en el Evangelio, recordarán que cuando Jesús anunció que tenía que sufrir y morir, Pedro se resistió. ¿Cómo lo llamó Jesús? Lo llamó Satanás. "Satanás", le dijo, "apártate de mí". No piensas en las cosas de Dios. No quieres caminar conmigo. Tu respuesta es decir: "No, esto no puede ser. Esto no puede suceder." Buscas destruir, separar. No estás dispuesto a sufrir conmigo. Tú eres Satanás.

En esta relación con el que sufre, el co-sufriente no puede imponerle nada al otro. Uno sólo puede ayudar al otro a pedir, pidiendo juntos. Este acto de petición se convierte cada vez más en un acto de oración. La voluntad de rezar junto con el que sufre es la respuesta justa a la realidad del sufrimiento. Por lo tanto, se requiere una oración conjunta para poder tomar esta realidad en serio.

La alternativa sería la explicación, decirle constantemente a la otra persona: "Esto es lo que está pasando y esta es la razón por la que sucede. Siento que no veas la respuesta, pero es muy clara". Cualquier respuesta que propongas te hará partícipe de la falsa ternura que busca eliminar el sufrimiento a toda costa.

Puesto que el sufrimiento tiene un carácter profético, experimentarlo significa siempre orientar el pensamiento hacia el futuro en lugar del pasado. Buscar una respuesta en el pasado es reducir el sufrimiento a una problemática funcional que sólo responde a causas del pasado.

Todo se explica en términos de la causalidad. Aplicarle este enfoque al sufrimiento no beneficia al que sufre; solo reduce al sufriente a un objeto, negando así el misterio, si se quiere, del sufrimiento humano.

La Secularización del Sufrimiento

Queda claro que en un mundo que pretende negar el misterio, el resultado será la secularización del sufrimiento. En Occidente vivimos en una cultura que no es capaz de comprender la trascendencia. Por eso, nuestra cultura busca eliminar el sufrimiento de una manera inhumana. La misión de la Iglesia -especialmente la de quienes se dedican al cuidado de los que sufren- es desesperadamente necesaria para rescatar a la persona que sufre de la manipulación como objeto. ¿Recuerdas a Job y a sus supuestos amigos? No quisieron sufrir con él. Eran teólogos del pasado. Intentaron buscar los orígenes del sufrimiento de Job en el pasado, pero él protestó, rechazando repetidamente este método utilizado para entender el sufrimiento. Dios mismo rechaza la teología vacía y estéril de los que consuelan a Job al final del libro.

Observamos la misma tendencia a explicar la aflicción en el caso del encuentro entre Jesús y el ciego de nacimiento. La pregunta es: "¿Por qué? ¿Es ciego a causa de sus pecados o, tal vez, los de sus padres?" Jesús responde que no es por el pasado, sino por el futuro. El ciego sufre de esta manera para que la gloria de Dios se pueda manifestar en él. Se podría decir lo mismo del caso de Job y que por eso no queda satisfecho con las explicaciones de sus "amigos." Su protesta es una oración.

Heidegger decía que el hombre piadoso no es el que se declara culpable ante Dios cuando sufre, sino el que lucha contra Dios. Job luchó; Abraham luchó. La respuesta no se buscaba en términos de causas en el pasado, sino desde una expectativa del futuro, un futuro del cuál no somos la causa.

Así pues, la gracia es siempre la respuesta al sufrimiento. El sufrimiento es el llamamiento a la gracia gratuita que nos alcanza sin condición, sin raciocinio, sin explicaciones. El sufrimiento sólo puede aliviarse por medio de la ayuda que el co-sufriente presta a la persona que sufre para que entre en contacto con esa gracia. La respuesta al sufrimiento es siempre una experiencia de la gracia y el amor divinos. Para sus supuestos amigos, Job sólo servía como una excusa para construir su propia teología. No asentían a co-sufrir con él, ni rezaban con él para pedir gracia. No tenían conocimiento de la gracia de Dios. Todo lo acomodaban a un sistema teológico que busca tener una explicación para todo.

La Gracia nos Concede una Identidad

La gracia es el amor de Dios. La gracia es la experiencia repentina del amor original que nos creó y que nos convierte en personas y que afirma que somos amados y que lo valemos todo, que no podemos ni necesitamos ser reducidos a factores que justifiquen nuestra existencia, que somos amados por Dios por quienes somos. En otras palabras, la gracia nos concede identidad.

Esta es una de las temáticas principales de la enseñanza del Papa Juan Pablo II. El ser humano es la única criatura sobre la tierra que Dios ha creado por su propio fin. Es decir, no tenemos que justificar nuestra existencia porque somos valiosos por lo que somos. La cultura moderna no logra entender esto, mucho menos cuando se enfrenta al sufrimiento. Si no comprendemos el concepto de la sacralidad de la persona, no podemos sufrir con el prójimo. "El que ama", decía san Agustín, "entiende de lo que hablo".

Al final del Libro de Job, es significativo que Dios no le haya ofrecido respuestas a Job, sino que empieza a dirigir la mente de Job hacia su identidad, recordándole quién es, que es su criatura. Job descubre que es una persona con tal dignidad que Dios ni siquiera le impone una respuesta, sino que le hace preguntas: "Considera quién eres". El libro de Job comienza haciendo alusión a una pregunta, y a un recordatorio de quiénes somos, que sobrepasa todo lo que podríamos haber imaginado. Termina sugiriendo que Dios se une de algún modo a esa plegaria; por tanto, Dios, por así decirlo, está sufriendo con Job, rezando con Job.

En uno de sus últimos ensayos, "Nuestros Amigos, los Santos," el novelista francés Georges Bernanos dice:

> "En este instante, aquí en nuestra tierra, en alguna oscura iglesia o en alguna casa antigua o en el recodo de una carretera desierta, se encuentra un pobre hombre que junta sus manos y desde la profundidad de su miseria, sin saber

> muy bien lo que dice, o tal vez sin decir nada en absoluto, da gracias al Dios de la bondad por haberlo hecho libre y capaz de amar. En otro lugar, sin importar dónde, se encuentra una madre que oculta por última vez su rostro contra un pequeño corazón que ha dejado de palpitar, una madre, junto a su hijo muerto, ofreciéndole a Dios el gemido de su resignación agotada, como si la Voz que arrojó los soles al gran vacío como una mano dispersando el grano, la Voz que hace temblar la tierra, hubiera acabado de susurrar en su oído: "Perdóname. Algún día lo sabrás, lo entenderás, y me agradecerás. Pero por ahora, lo que espero de ti es tu perdón. Perdóname". Esas personas -esa mujer afligida, ese pobre hombre- están en el seno del misterio, en el núcleo de la creación universal e incluso dentro del secreto de Dios mismo."

Dado que es ahí donde vamos a penetrar y encontrar la respuesta: dentro de Dios mismo. "¿Qué puedo decir al respecto?", continúa Bernanos.

> "El lenguaje está al servicio de la inteligencia. Pero lo que estas personas han logrado captar, lo han comprendido a través de una facultad superior a la inteligencia, aunque no está en conflicto con ella en absoluto, pero al menos no ha dejado que las explicaciones eliminen el problema, ni que lo haga un impulso profundo e irresistible del alma que compromete todas las facultades al mismo tiempo, que absorben a fondo todo lo que les es natural. Ciertamente, en el momento en que aquel hombre y aquella mujer aceptaron su destino, se aceptaron humildemente a sí mismos."

¡Identidad! Eso significa ser alguien, ser una persona. Aceptar este destino. Sufrir juntamente con alguien es el mayor servicio que podemos rendir. En esa vivencia, somos alguien.

Bernanos concluye que:

> "El misterio de la creación fue alcanzado en ellos mientras se exponían, sin saberlo, a todos los riesgos de la conducta humana; se realizaron plenamente en la caridad de Cristo, convirtiéndose ellos mismos, según las palabras de San Pablo, en otros Cristos."

Vivir en solidaridad

En la carta apostólica sobre el sufrimiento, San Juan Pablo II afirma que en Colosenses 1:24 descubrimos la respuesta cristiana al sufrimiento. Cuando San Pablo dice: "cumplo en mi carne lo que falta de las aflicciones de Cristo por su cuerpo, que es la iglesia;", da a entender que está sufriendo juntamente con Cristo, que la respuesta de Dios al sufrimiento del mundo, como sugiere el libro de Job, será sufrir juntamente con nosotros. Pablo está compartiendo el sufrimiento con Cristo en la cruz, por otros; pero después de sugerir que en el co-sufrimiento vamos a encontrar la revelación suprema de la verdad acerca del sufrimiento, el Santo Padre realiza una encuesta, no muy distinta de la que ya hemos realizado, sobre el fenómeno del sufrimiento. El sufrimiento, dice, es un fenómeno exclusivamente humano; es una expresión de lo que el hombre es. Solamente las personas podemos sufrir. El sufrimiento, dice San Juan Pablo II, revela la trascendencia del hombre. El sufrimiento le enseña al hombre que debe ir más allá de sí mismo, que no se conforme con el pasado ni el presente, y que más bien siga avanzando.

La Iglesia, continúa, nace de los sufrimientos de Cristo. La iglesia es, por así decirlo, fruto de sus

Sufrimiento, Gracia, Identidad

sufrimientos, por lo que puede y debe salir al encuentro del hombre en el camino del sufrimiento. La Iglesia tiene la misión de sufrir con el hombre; una misión que contiene múltiples dimensiones. A través del co-sufrimiento con el hombre la Iglesia se encuentra con el ser humano. La misión de la Iglesia es sufrir con el hombre para que cada persona pueda verse a sí misma como persona.

El sufrimiento, dice, es revelador. Nos revela un gran misterio que suscita temor y respeto. Cuando nos enfrentamos al sufrimiento, nos sentimos asombrados. Por eso algunos de los grandes santos han dedicado su vida al cuidado de los que sufren; los fundadores de estas comunidades religiosas han encontrado al Señor en la persona que sufre. Pensemos en San Francisco besando a los leprosos o en Santa Juana Jugan recogiendo a la anciana. El Santo Padre dice que la luz de la fe se comienza a reflejar en el sufrimiento. Vemos que detrás del sufrimiento hay un Dios. Pero en el fondo de este misterio yace una gran tragedia. Algo sucedió. Esta tragedia va más allá del sufrimiento de esta o aquella persona en particular. Los que sufren se encuentran inmersos en un mundo de sufrimiento, y debemos analizar cómo podemos vivir en solidaridad con ese mundo e identificar cómo Dios, a partir de la tragedia, crea un mundo nuevo de redención del sufrimiento.

Capítulo 5

El Misterio de la Cruz

AL FINAL DEL LIBRO DE JOB identificamos que no responde al contundente interrogatorio de Job sobre su sufrimiento. Tampoco recibió respuesta de parte de sus amigos, los teólogos del sufrimiento. En su lugar, nos encontramos ante el fenómeno de un Dios que formula preguntas. Creo que esto es importante. Al final, el dilema del sufrimiento de Job y de todo sufrimiento humano no se responde con respuestas definitivas. Por el contrario, se responde con el riesgo del sufrimiento compartido, adentrándonos en el sufrimiento del que sufre, llevando así a Job a reflexionar sobre su propia identidad, así como sobre la identidad de Dios. Job es llevado a pensar en sí mismo en términos de su relación con Dios.

No existe una respuesta teórica al sufrimiento. Darle una respuesta teórica, diciendo que Job está siendo castigado por pecados ocultos, por ejemplo- es una injusticia para el que sufre.

El sufrimiento es un misterio en el sentido más amplio de la palabra. Es un misterio de la fe. Yo les propongo que el sufrimiento humano es totalmente incomprensible más allá de la luz de la fe. Ninguna teoría mundana puede captarlo a cabalidad, ni justificarlo, ni justificar al que sufre y así, brindar conocimiento sobre cómo responder ante él. Sigue siendo un interrogante con el que las mentes más brillantes han luchado.

El sufrimiento siempre escandaliza, es una interrupción, una irrupción en nuestro mundo de respuestas ordenadas. El sufrimiento nos lleva a irrumpir en algo mucho, mucho más alto, algo que nos supera. Es un misterio porque, como dice Juan Pablo II en su carta apostólica, es un fenómeno exclusivamente humano. Revela lo que es el ser humano. A través del sufrimiento, nuestro propio sufrimiento o nuestra experiencia de sufrimiento compartido con otra persona, tocamos el corazón mismo de lo que significa ser un ser humano.

El sufrimiento es revelador del hombre. Y, como afirma Juan Pablo II, más específicamente de la trascendencia del hombre como persona. Revela que el hombre es una persona, y ser persona es un misterio de la fe. El concepto de persona nació de una lucha de la fe por comprender la persona de Cristo. Por tanto, el sufrimiento revela la trascendencia del hombre como persona, y por trascendencia no me refiero a la trascendencia filosófica, es decir, el hecho de que el ser humano vaya más allá de este mundo, más allá del espacio y del tiempo. Me refiero más bien a que el ser humano es incomprensible sin Cristo. El ser humano es un misterio de la fe. Sólo la fe nos puede indicar quién es el hombre, porque la identidad personal está relacionada con la identidad del Hijo eterno de Dios.

El grito del Alma

La Revelación del Verbo Encarnado

En la Constitución sobre la Iglesia en el mundo actual del Concilio Vaticano II, Gaudium et Spes dejaron una afirmación que se ha convertido en la marca distintiva de la enseñanza de San Juan Pablo II. Dice así: "Sólo se revela plenamente el misterio del hombre en el misterio del Verbo encarnado". Estas palabras deben interpretarse textualmente. Ninguna teoría, ninguna filosofía, ninguna ciencia humana, puede llegar a comprender quién es la persona si no lo hace a la luz de la fe en el Verbo encarnado, en el Dios hecho Hombre. Existen explicaciones parciales, por supuesto, de ahí la frase "comprender plenamente". Sin la luz de la fe, podemos obtener indicios, sugerencias y respuestas parciales, pero no podemos justificar plenamente al hombre y a la mujer. Lamento si esto suena triunfalista o excluyente. La cultura moderna no puede comprender a la persona porque ha rechazado a Cristo. Por eso no puede afrontar el sufrimiento. No puede afrontar el Misterio de Cristo.

El sufrimiento revela la relación del hombre con Cristo. Recordemos a Flannery O'Connor: desligado de Cristo, sólo queda la teoría, que pronto desemboca en ternura mortífera. Pero unido a Cristo, el sufrimiento provoca, como dice también San Juan Pablo II en tándem con Gaudium et Spes, un gran temor, un miedo religioso, porque estamos en presencia de lo sagrado.

¿En qué sentido el sufrimiento es una revelación de Dios y de la persona? Hemos llegado a la puerta. Es hora de mirar adentro.

Hemos hablado del co-sufrimiento como el acto de arriesgar nuestra propia identidad con el que sufre uniéndonos a esa persona en su petición, rezo, e incluso cuando hace una oración de protesta. Este es un acto de amor, y así podemos amar al que sufre. Y si ya no tiene la capacidad de cuestionar, cuestionamos por él. Esta solidaridad despierta lo que el Santo Padre llama en la encíclica: la experiencia de un "mundo de sufrimiento". Nuestra capacidad de compartir el sufrimiento sin, como decía, experimentar el mismo dolor o estar en

la misma situación, nos lleva a experimentar el sufrimiento como un mundo. Este conocimiento es fundamental.

El mundo del sufrimiento nos revela que todo el sufrimiento está relacionado, que hay algo que anda mal y va más allá de cualquier manifestación específica del sufrimiento. El Santo Padre afirma que "el sufrimiento introduce un elemento de una magnitud misteriosa en la realidad de la maldad. Hay una gran herida en el corazón de la existencia humana". Se refiere a esto, en parte, cuando habla de la experiencia del mundo del sufrimiento.

La Verdadera Naturaleza del Pecado

La fe católica nos enseña que el sufrimiento está ligado al pecado. Pero, ¿qué es el pecado? Nos enfrentamos de nuevo a otro misterio, porque tiene que ver con nuestra relación, nuestra identidad con Cristo. Sin Cristo, ni siquiera podemos conocer el pecado. Sin el conocimiento en la fe, de la relación de nuestra propia identidad con la suya, no podemos comprender el horror del pecado y, por lo tanto, no entendemos la naturaleza del mal. Por ende, no podemos comprender el sufrimiento.

Nuestra experiencia, pensamiento, teología y filosofía proponen todo tipo de respuestas al problema de la culpa, del castigo, del sufrimiento como castigo, al problema de la justicia de Dios. Pero estas respuestas son, en el mejor de los casos, parciales y engañosas, incluso peligrosas, pues llevan a muchos a ver en el sufrimiento un castigo por el pecado del que lo padece. Y sabemos de qué manera rechazó Cristo esta explicación en su encuentro con el ciego, y de qué manera Job rechazó esta explicación de parte de quienes querían "reconfortarlo".

El sufrimiento está relacionado con el mal y el pecado, como nos es revelado en la experiencia del mundo del sufrimiento, pero Jesús dice que también revela la gloria de Dios. el peligro de esta afirmación lo experimentó San Pablo, quien fue constantemente malinterpretado por hacerla. Donde hay pecado, sobreabunda la gracia. En definitiva, el sufrimiento y su relación con el pecado deben llevarnos a reflexionar acerca de la gloria de Dios. ¿Y cómo podemos describir este concepto? La gloria de Dios es la belleza inexpresable de Dios, es el éxtasis abrumador que supone la experiencia del amor inagotable de Dios; un amor que es totalmente incondicional, ilimitado, gracia infinita. Jesús sugiere que nuestro punto de entrada a la experiencia de la gloria de Dios es el sufrimiento. Si los sufrimientos del ciego de nacimiento nos permitieron vislumbrar una demostración de la gloria de Dios, entonces deberíamos interpretar todo el sufrimiento como una revelación de la gloria de Dios.

Sólo a la luz de la cruz podemos entender esta sorprendente afirmación. Como San Pablo, ofrecemos la revelación de Cristo crucificado como una revelación de la gloria de Dios y de la insuperable dignidad de la persona llamada a participar eufóricamente de esa gloria.

Hemos visto sugerencias para aprender a entenderlo en el acto del sufrimiento compartido, especialmente en el amor que está dispuesto a arriesgar su propia identidad como persona ante el sufrimiento de otra, para afirmar su identidad. Cuando asumimos el cuestionamiento del que sufre, arriesgamos nuestra identidad con él. Le prestamos nuestra identidad y así nos unimos a él en una unión inexpresable que penetra hasta lo más profundo de nuestro ser.

La Restauración de la Identidad

Al final, sin embargo, nuestra identidad no es lo suficientemente fuerte como para restaurar totalmente la identidad del que sufre. El mismo amor humano se enfrenta a la muerte. Pero ¿qué sucede si el co-sufriente es el autor de nuestra identidad? Este es el misterio de la cruz. Entonces nos basta el co-sufrimiento de Cristo. "Bástate mi gracia, porque mi poder se perfecciona en la debilidad" (2 Cor 2,19). Sólo Él puede sanar totalmente la disminución personal, el dolor espiritual; sólo Él puede redimir el sufrimiento.

La identidad del que está en la cruz dirige nuestra atención hacia la magnitud del problema que se esconde detrás del misterio del sufrimiento. De hecho, está relacionada con el misterio del pecado, con un destino que recae sobre la humanidad. Sólo conocemos la magnitud del pecado a la luz del precio de su redención. La cruz revela que el pecado es una realidad que ha sacudido el corazón de la creación de Dios y la relación entre lo divino y lo humano. Si el pecado requiere de la cruz para revelar su magnitud y para su eliminación, entonces debe ser mucho más que una cuestión de injusticia o una ofensa a Dios, debe haber alterado algo más que una simple relación judicial entre el ofensor y el ofendido. Lo que sucede en la cruz debe ser mucho más que una revelación del hecho que Dios está del lado de los que sufren. Yo diría que incluso ver la cruz como el vehículo para el perdón de los pecados es insuficiente.

En resumen, creo que los que protestan por su sufrimiento están en su derecho, como Job. Jesús no murió porque este mundo sea cruel y la gente buena sufra. Murió porque, a través de su muerte, Dios redime el sufrimiento. Dios está restaurando la identidad personal. Él - esa persona en la cruz- está compartiendo su identidad con nosotros. Compartir la identidad significa que existe un vínculo entre nosotros que tiene que haber estado desde el principio. Lo que me preocupa es que tendemos a percibir el acontecimiento de la cruz y su aplicación a nuestras vidas de una manera externa, como un simple pago judicial de una deuda que de una manera u otra no tenemos que pagar.

Pero el misterio de la cruz es mucho más profundo: existe un vínculo entre nosotros y Cristo desde el momento que comenzamos a existir. A esto me refiero cuando digo que la persona humana no puede entenderse sin Cristo. Lo que sucede en la cruz es una afirmación de la identificación de Cristo y la humanidad frente al pecado y la muerte, una afirmación que es el fruto del amor y la gloria ilimitados de Dios. Este vínculo es más fuerte que el pecado y más fuerte que la muerte. Por eso, ningún pecado ni sufrimiento podrán disminuir jamás la dignidad infinita de la persona. La persona ha sido creada para ser expresión, imagen del Hijo eterno de Dios Padre. El amor entre el Padre y el Hijo debe extenderse a esta criatura que conocemos como persona. Esa es la fuente de la dignidad de cada ser humano.

El Misterio Trino

En una declaración audaz, el Concilio Vaticano II afirma que, desde el comienzo de la existencia de un hombre o una mujer en el seno de su madre, él o ella mantiene una relación con Cristo. Tal es la inefable dignidad una persona. En un inolvidable discurso al final del Concilio Vaticano II, el Papa Pablo VI habló sobre la confrontación entre el humanismo al que nos conduce la fe en Cristo y el humanismo triunfante del mundo moderno sin Cristo, sin Dios. Afirma que ambos se han enfrentado en el Concilio, y hace un llamamiento a los humanistas seculares que genuinamente buscan respuestas: "Espero que al menos nos conceda esto, que nosotros más que ustedes adoramos al hombre."

Es interesante observar que, en la publicación oficial del discurso, la frase "adorar al hombre" se cambió por "honrar al hombre". Eso no fue lo que dijo el Papa. Adoramos al hombre porque el hombre está inseparablemente unido a Cristo. La identidad humana consiste en compartir la identidad del Hijo eterno del Dios vivo, quien es amor. Ningún sistema de pensamiento puramente humano puede alcanzar esta comprensión. Quienes lo intentan y saben que algo falta se ven obligados a concluir, correctamente, que, sin esta perspectiva, la vida personal es una tragedia. Sin Cristo, no merece la pena existir. Nos desespera nuestra existencia porque no conocemos a Cristo. Por eso el suicidio puede tener un atractivo aterrador. La cruz nos dice quiénes debíamos ser desde el principio. Nos muestra lo que sucedió y cómo respondió Dios ante ello y cómo también podemos responder nosotros ante ello.

La Resurrección nos habla del final del drama, del triunfo del amor divino y, con él, del triunfo de la identidad humana vinculada a la identidad de Cristo. Porque Cristo compartió nuestro sufrimiento hasta el final, hasta la muerte y más allá, hasta sea cual sea el misterio del descenso al infierno. Esto sólo se hace posible si declaramos que Dios es amor, si creemos que existe un Padre y un Hijo y un Espíritu Santo. Ninguna otra doctrina que no sea la de un Dios trino puede abordar el problema de la identidad humana y, por tanto, el problema del sufrimiento. Repito: nuestra existencia como personas es el resultado directo de la existencia de un Dios trino. Existimos como personas en Cristo. Este es el concepto bíblico de la creación en Cristo.

Existimos como personas, gracias al deseo del Padre de extender su amor por su Hijo a una criatura como nosotros. Por lo tanto, nuestra identidad no se puede separar de este amor entre el Padre y el Hijo. No se puede separar de la identidad de Cristo. La paternidad trina de Dios se extiende al mundo en Jesús. Dios quiere ser para el mundo el mismo bien que es en Sí mismo y para Sí mismo, es decir, una comunión trina de amor. El hombre y la mujer son creados a partir de esta gloria desbordante del amor de Dios y, por ello, sólo pueden encontrar su realización definitiva mediante la participación en el amor divino.

La Redención del Sufrimiento

El pecado atenta contra esta identidad con Cristo. Cuando el pecado ataca, está en juego la identidad misma de Cristo, la realidad misma de la Trinidad. Este es su horror. Cuando el pecado aflige, dice San Juan Pablo II en la encíclica sobre la misericordia divina, reflexionando sobre la parábola del hijo pródigo, que la paternidad de Dios se ve disminuida. Es una afirmación audaz, y demuestra que nuestra propia existencia está ligada al destino del Dios trino.

Por eso, el pecado y sus consecuencias sólo pueden ser superados mediante la siguiente afirmación: la identidad del Hijo, y la nuestra en Él, es más fuerte que el pecado y su consecuencia de sufrimiento y muerte. Así, el Hijo entra en el mundo del sufrimiento y de la muerte para sufrir con nosotros y restaurar nuestra identidad como personas. El pecado contradice la paternidad de Dios, pero la cruz la restaura gracias a Aquel que sufre y muere. El pecado rechaza a Dios no como creador, sino como padre. El sufrimiento y la muerte de Aquel hombre en la cruz, que es el Hijo eterno, es una afirmación del amor ilimitado de Dios y de la dignidad infinita de la persona. El pecado y sus consecuencias pretenden separar al Padre del Hijo. La cruz nos muestra que esta separación es imposible, y por eso le quita el poder al pecado. Por eso no debe escandalizarnos el sufrimiento, porque en él podemos conocer el amor de Dios a través de nuestra fe en el misterio de los sufrimientos de Jesucristo. Si no lo creemos, nos escandalizaremos ante el sufrimiento; nos desesperaremos y buscaremos eliminar al que sufre o a nosotros mismos.

La redención del sufrimiento no es una simple respuesta ante el sufrimiento, sino un acontecimiento que restaura nuestra identidad. La identidad de la persona más miserable y desdichada de la tierra es defendida por la identidad del Hijo eterno y el precio que pagó por ella.

Nuestra respuesta ante el sufrimiento sólo puede ser la de Cristo, compartir el sufrimiento y pasar del mundo del sufrimiento al mundo de la redención, sometiéndonos nosotros mismos y a aquel con quien sufrimos a esta redención. Únicamente lo podemos hacer porque se nos ha otorgado participar en la misión de Cristo.

Capítulo 6

Completar lo que falta

EL MISTERIO DEL SUFRIMIENTO HUMANO es una revelación del misterio de Cristo y de su identidad y de nuestra identidad humana ligada a la suya desde el comienzo de nuestra existencia. El mundo del sufrimiento es el resultado de la tragedia que se produjo cuando el primer Adán traicionó esta identidad bajo la sugerencia del Gran Engañador. El segundo Adán -en términos paulinos- nos ha introducido en un mundo nuevo, el mundo de la redención del sufrimiento.

Del mismo modo que el sufrimiento es una realidad comunal, el concepto de un mundo de sufrimiento es el único medio que nos permite comprender el sufrimiento de los inocentes. Si el sufrimiento es comunitario, se deduce que la redención del sufrimiento mismo es comunitaria. Es a través del co-sufrimiento con o en Cristo, que la palabra de Dios y el poder del amor de Dios se encuentran con la realidad del sufrimiento humano.

Es importante afirmar que la redención no elimina el sufrimiento, y eliminarlo con nuestras acciones sería una injusticia. La redención cambia el significado del sufrimiento, que pasa de ser una ocasión de degradación a ser una ocasión de afirmación de nuestra propia dignidad inigualable vinculada a la dignidad de Jesucristo mismo y, en Él, a la Gloria de Dios, quien es un amor más fuerte que el pecado, más fuerte que la muerte.

El mundo del sufrimiento es un mundo de co-sufrimiento eficaz en Cristo, que nos ofrece un espacio para unirnos a Él en su misión de sufrimiento compartido. La redención es una misión que compartimos con Él, aunque depende exclusivamente de Él. No tenemos el poder, por nosotros mismos, de redimir el sufrimiento. Sólo en Él tenemos ese poder. La redención no es automática, sino que depende de la libertad humana. La redención es una invitación a una respuesta libre de nuestra parte, una invitación a aceptar caminar con Cristo con una nueva identidad, una nueva vocación, una nueva misión. La redención es vernos confrontados con la cruz y de repente darnos cuenta de que tenemos que responder y tomarla como Simón de Cirene tomó la cruz.

El Secreto del Sufrimiento

Este sufrimiento compartido con Cristo es precisamente lo que tiene un valor salvífico para los demás. Si caminamos junto a Aquel que redime el sufrimiento, entonces otras personas experimentarán un alivio en su sufrimiento. Con esto me refiero a la capacidad humana de afirmar la identidad del que sufre compartiendo con él el amor de Dios en Cristo y por Cristo. Creo que esta fue la experiencia de Pablo en el pasaje de Colosenses 1:24 que Juan Pablo II en Salvifici Doloris llama no la solución al sufrimiento (porque el sufrimiento es un misterio, no un problema que resolver), sino el descubrimiento -incluso el descubrimiento gozoso- del secreto del sufrimiento. Es decir, en nuestra propia carne completamos lo que falta de las aflicciones de Cristo por el bien de Su cuerpo, la Iglesia. Juan Pablo II dice que esto representa el descubrimiento al final del drama de la historia de la salvación, que somos co-sufrientes con Cristo, en quién el mundo del sufrimiento ha sido redimido.

¿Cómo entendemos la experiencia de Pablo? Es importante que recordemos que estamos hablando de la redención, de la restauración de la vida personal, y que la vida siempre es comunitaria. Sólo somos personas en relación con el otro, respondiendo afirmativamente al amor del prójimo. El amor creador del mundo de las personas es el amor entre el Padre y el Hijo. Este amor nos confiere nuestra identidad, y nos hacemos personas cuando decimos sí a este amor divino, cuando decimos sí a la invitación de compartir la vida, la identidad de Jesucristo. La redención del sufrimiento -la restauración de la persona individual herida por el pecado- requiere también un sí, la voluntad de compartir los sufrimientos de Cristo y abrirnos a lo que revela su cruz.

El modelo de este sí se da en el sí de María, la Madre de Jesús. Ella es la parte fundamental de toda comprensión de su Hijo. Ella es el camino para descubrir la realidad de la verdad sobre el sufrimiento redentor, tanto el suyo como el de su Hijo en la Cruz.

En pocas palabras, debemos apropiarnos del sí de María. A partir de este asentimiento nace la Iglesia, la comunión de los sufrimientos compartidos con Cristo, la gloria de la humanidad redimida. Por consiguiente, la forma de la redención del sufrimiento es el co-sufrimiento con Cristo. Este es el secreto de la verdadera compasión: la compasión con la Pasión. Es el espacio en el que vive la Iglesia cristiana; la comunión de los creyentes. Cualquier intento por parte de la Iglesia de salir de este espacio, de separarnos de una existencia de sufrir con Cristo, constituye una traición a la cruz.

No Vivo Yo Sino Que es Cristo Quien Vive En Mí

Esta realidad se hace presente en nuestro mundo a través de la Eucaristía, mediante la cual nos unimos al cuerpo de Cristo. De esta manera, el mundo del sufrimiento, así como nuestras identidades heridas se restauran místicamente en Cristo Jesús mediante la entrada a un nuevo mundo; a una nueva creación. La Iglesia entera, todo el Cuerpo de Cristo, debe ser co-crucificado con su Cabeza, haciéndose partícipe del amor del Padre hacia el Hijo, participando en la identidad del Hijo, para que podamos mirar hacia la cruz y decir: "Ahí estamos clavados". Nosotros mismos nos colocamos allí. No tenemos otro yo que el de Cristo. Lo que somos como personas está clavado en esa cruz y está sostenido por el amor del Padre a Jesús. Esto es lo único que nos da identidad y dignidad.

Esta es otra experiencia de Pablo a la que se refiere en Gálatas 2:19-20: "Ya no vivo yo, sino que es Cristo quien vive en mí". Esta es la razón de ser de la Iglesia: sufrir con Cristo. Esta es su misión, su identidad, especialmente cuando se acerca a los enfermos y a los que sufren. ¿Quién más puede acercarse a ellos de esta manera? El mundo secular se escandaliza porque para ellos, como dice San Pablo, la cruz es un escándalo. Como el sufrimiento es una revelación de Cristo en la cruz, sin aceptar la cruz, sin aceptar estar en la cruz con Jesús, el sufrimiento nos parecerá una abominación que debe ser eliminada a toda costa. Porque, como dice Flannery O'Connor: "No puedes amar lo que te escandaliza".

El gran teólogo Hans Urs Von Balthasar lo expresa así en un maravilloso libro titulado The Moment of Christian Witness (El momento del testimonio cristiano):

> *"Todo lo que soy (en la medida en que no soy más que una figura fugitiva sin esperanza en esta tierra, cuyas ilusiones pierden valor con la muerte), lo soy únicamente en virtud de la muerte de Cristo, que me abre la posibilidad de la plenitud en Dios. Florezco en la tumba de Dios, que murió por mí. Hundo profundamente mis raíces en la tierra nutritiva de su carne y de su sangre. El amor que extraigo en la fe de este suelo no puede ser de otro tipo que el amor de Aquel que está enterrado."*

La consecuencia de esto en medio del sufrimiento es la capacidad de decir: "No sufro yo, sino Cristo en mí". Cristo ha creado en mí, para Él, un órgano para su redención, de modo que no debemos cargar con nuestro sufrimiento (que ya no existe), sino que llevamos, como dice San Pablo en 2 Corintios 4:10, la muerte de Jesús en nuestro cuerpo para que la vida de Jesús se manifieste en nuestra carne mortal.

En la experiencia cristiana, el propio sufrimiento es un préstamo, un préstamo por el cual, al consentir, uno queda en deuda con el verdadero dueño. (Por lo tanto, el deseo de eliminar el sufrimiento a toda costa es rechazar esta responsabilidad por el préstamo de gracia que se nos ha concedido). La auténtica solidaridad humana de Jesús como el segundo Adán (la verdad de nuestra identidad compartida con Él ante el Padre, que es el único modo en que puede ser encontrada, restaurada, defendida) es lo que crea la verdad de sufrir junto a Él, de completar sus sufrimientos.

Decir sí a la cruz

Es evidente que no añadimos nada a los sufrimientos de Cristo. Completando su sufrimiento, damos el sí que se requiere porque somos libres, el sí que se requiere para que sus sufrimientos sean redentores en nosotros. Nadie puede decir ese sí por mí. Mi identidad en Cristo se ofrece para mi libertad. Mi libertad debe estar implicada en la redención. A través de este sí, consiento en vivir incorporado a Cristo crucificado y resucitado. Mi sí a los sacramentos de la Iglesia -al Bautismo, a la Eucaristía, al sacramento de la Penitencia- es un sí a este deseo, un sí a este reconocimiento de mi identidad como la de Aquel que está en la cruz. Vivir esa postura de asentimiento ante la cruz es la expresión más plena de quién es Cristo. Al hacerlo, demuestro que los sufrimientos de Cristo son redentores.

Negarse a vivir así es, como dice san Pablo, anular la gracia de Dios, declarar que ha muerto en vano. Mi identidad, lo que soy, había sido sustraída por el pecado contra el designio del Padre. Sólo al decir que sí a la cruz, colocándome libremente en ella, puedo manifestar a Cristo como Señor, como Aquel en quien se fundamenta mi identidad.

Además, sufrir junto a alguien es clavar nuestra identidad en la cruz de Cristo con esa persona. De este modo, experimentamos en la cruz el amor afirmativo del

Padre, junto con la persona que nos pide, que nos apremia, que protesta, que se rinde, o que puede ser incapaz de hacer nada.

Si aceptamos a esa persona, si decidimos libremente sufrir junto a esa persona, si nos jugamos nuestra identidad en la cruz con esa persona, si amamos a esa persona con el amor de Cristo, entonces estamos restaurando y afirmando su identidad, su dignidad, estamos aliviando su sufrimiento.

Este es el misterio de la redención del sufrimiento. Es aquí donde podemos ver la relevancia de esta verdad para el futuro de la asistencia sanitaria católica, que se basa en la recuperación de esta visión y en un nuevo compromiso con esta dedicación sin avergonzarse; de lo contrario, todo el sistema es una farsa. Las instituciones y comunidades sanitarias católicas deben ser agentes del amor de Cristo y del amor del Padre por su Hijo en la cruz; de lo contrario, la asistencia sanitaria católica no merece ningún futuro. Las instituciones sanitarias católicas deben ser hogares donde los que sufren encuentren su identidad, donde su identidad sea restaurada por el poder del amor de Cristo. Estos hospitales, hospicios y centros de salud deben ser lugares donde el que sufre encuentre respeto y alivio.

Von Balthasar dice que la gloria de Dios (la belleza inefable de esa gloria que es su amor) impacta a los seres humanos, los estampa, los moldea, de modo que sus vidas se convierten en lo que Von Balthasar llama un "estilo de vida", una forma particular de manifestar cómo es la gloria de Dios. Los santos han mostrado estilos distintos, y hay tantos estilos como personas, porque la gloria de Dios es inagotable y cada uno de nosotros es alguien insustituible ante Dios.

El ejemplo del Padre Pío

El estilo que me ha llevado a esta reflexión es el de un humilde monje capuchino italiano, el sacerdote conocido como Padre Pío de Pietrelcina. Nació en 1899 y murió en 1968 y llevaba los estigmas. En 1956, este monje capuchino italiano sin recursos construyó un hospital en medio de las montañas rocosas del sur de Italia. No decía que fuera un hospital. Lo llamó "Hogar para el alivio del sufrimiento". Es un vasto complejo en lo alto de la colina, junto a la pequeña iglesia donde está enterrado y el monasterio donde vivió.

Como hospital, la atención científico-técnica que allí se presta es incomparable, a la vanguardia de todos los avances de la medicina moderna. Cuenta con una escuela de enfermería, una escuela de medicina y una escuela de formación de auxiliares de enfermería. Tiene residencias de ancianos y de minusválidos. Lo tiene todo. Lo que es notable es que todo esto es de un hombre que sólo se quedó en ese pequeño monasterio. Daba misa, oía confesiones y sangraba por los estigmas todo el tiempo.

Traté de entender eso. Me pregunté: ¿Cuál es el secreto de este lugar? La respuesta: Este lugar nace del sufrimiento conjunto de San Pío con Cristo, un sufrimiento conjunto dramatizado de manera maravillosa por el fenómeno de los estigmas, el símbolo del amor entre el Padre y el Hijo en la cruz. Esto me recordó a San Pablo: "He llevado en mi cuerpo la muerte de Jesús, para que se manifieste la vida de Jesús". Y vi cómo el padre Pío llevaba en su cuerpo la muerte de Jesús, sobre todo cuando celebraba la Eucaristía. El Padre Pío era totalmente devoto del sacramento de la Penitencia y, por tanto, conocía el misterio del perdón de los pecados, que no es sólo una transacción judicial, sino una restauración de la dignidad y de la identidad.

Este hombre santo captó el descubrimiento final de lo que dijo San Juan Pablo II sobre el significado de las palabras de Pablo sobre la participación en el sufrimiento de Cristo, como lo demuestra el fruto de ese hogar para el alivio del sufrimiento. Esto me atrajo porque el Padre Pío personalmente no estableció una congregación religiosa para el cuidado de los enfermos. Él tan solo rezaba, sufría, daba misa y oía confesiones. El "estilo" del Padre Pío de sufrimiento con Cristo basado en la Eucaristía y la Penitencia (el núcleo de su identidad como sacerdote) resultaba en el alivio del sufrimiento. Este debe ser el "estilo" o carisma de toda auténtica asistencia sanitaria católica, o de lo contrario es una farsa.

El Padre Pío decía a quienes se dedican a la asistencia sanitaria:

> *"Tienen la misión de cuidar a los enfermos, pero si al lecho del enfermo no llevan amor, no creo que los medicamentos sirvan de mucho. Cómo podrían expresar el amor si no es con palabras que llevan alivio espiritual al enfermo. Lleven a Dios al enfermo. Valdrá más que cualquier otra cura. En el enfermo está Jesús que sufre. En el pobre y enfermo está Jesucristo. Debemos completar la formación de este hospital para que se convierta en un templo de oración y de ciencia donde el género humano se encuentre como un solo rebaño bajo un solo Pastor en Jesús crucificado. Esta obra, si fuera sólo para el alivio de los cuerpos, equivaldría a una clínica modelo construida con los medios de su caridad (que ha sido extraordinariamente generosa) pero esta ha sido estimulada y animada a ser un recuerdo activo del amor de Dios por medio del llamado a la caridad. El que sufre debe vivir en este*

hospital, *experimentando el amor de Dios mediante la sabia aceptación de sus sufrimientos, mediante la serena meditación de su destino en Él en la cruz. En esta casa, el amor de Dios debe fortalecer el espíritu de los enfermos por medio del amor a Jesús crucificado, que irradiará de quienes son partícipes de la dolencia de su cuerpo y de su espíritu. Aquí los enfermos, los médicos y los sacerdotes serán depósitos de amor que será más abundante en la medida en que se comparta con los demás. El sacerdote y los médicos, unidos en el ejercicio de la caridad hacia los enfermos corporales, sentirán el ardiente estímulo de permanecer también ellos en el amor de Dios, para que tanto ellos como aquellos a quienes asisten tengan en Él una única morada de vida y de amor."*

El amor del Espíritu, el amor que llevó al Padre Pío a espiritualizar los esfuerzos y la misión de la sanidad católica, ofrece un ejemplo sin igual para el futuro de la asistencia sanitaria católica. La Iglesia en este mundo es excéntrica y debe aceptar ese destino porque su Señor fue un marginado. El Padre Pío se hace eco del sacerdote marginado de Walker Percy en El síndrome de Thanatos cuando dice:

"Si tienen un paciente, joven o viejo, sufriente, moribundo, afligido, inútil, nacido o por nacer, por quien, por las mejores razones desean poner fin a su miseria, sólo les ruego una cosa, queridos médicos. Por favor, envíenlos a nosotros, no los maten: los aceptaremos, a todos. Por favor, envíennoslos. Les juro que no se arrepentirán. Todos nos alegraremos. Les prometo, y sé que me creen, que cuidaremos de él, de ella -incluso les llamaremos para que nos ayuden a cuidarlos- y no tendrán que tomar una decisión como esa. Dios los bendecirá por ello y no

ofenderán a nadie, excepto al gran príncipe Satanás que gobierna el mundo."

¿Cómo se recibe en el corazón esta sabiduría divina (la sabiduría de San Pío y del sacerdote ficticio de Percy) y la presencia de Cristo? Sólo siguiendo siempre a Cristo, recorriendo el camino de la cruz de Cristo que conduce a la sabiduría y a la vida verdadera, desenmascarando el gran error de los que se creen sabios por sus propios esfuerzos. Él dijo «Vengan a mí todos los que están cansados y agobiados". Ustedes cuya búsqueda de la sabiduría ha sido inútil, incapaz de satisfacer los deseos de su corazón. El Padre Pío vino a Él, se entregó enteramente a Él, y así se convirtió en el camino para millones de personas que siguieron a Cristo con él y en él. El Padre Pío personificó el seguimiento de Cristo tal como lo describió San Pablo en su carta a los Gálatas: «En cuanto a mí, llevo en mi cuerpo los signos del Señor Jesús».

Esto es lo que importa en la vida. Este es el secreto del amor, el secreto de la vida. Hacer de nosotros apóstoles para el alivio del sufrimiento en un mundo que necesita amor desesperadamente.

Lorenzo Albacete
Una biografía corta

John Touhey

SI LA REFLECCIÓN DE LORENZO ALBACETE sobre el sufrimiento parece particularmente perspicaz es por una buena razón: conocía a fondo la materia gracias a experiencias personales arduamente adquiridas. Nació en San Juan de Puerto Rico en 1941, en el seno de una familia orgullosa de sus raíces españolas y latinoamericanas y observante de las tradiciones católicas que impregnaban la cultura de su isla. Los primeros años de vida de Lorenzo estuvieron llenos de alegría y risas. Era apuesto, inteligente, divertido y popular entre sus compañeros. Su empatía y lealtad lo convertían en el amigo ideal. Sin embargo, desde muy joven, Lorenzo tuvo que enfrentarse a tribulaciones que se repetirían a lo largo de su vida, empezando por la enfermedad de su hermano menor Manuel.

"Fui hijo único durante años, hasta que llegó mi hermano y lo arruinó todo", bromeaba Albacete en una ocasión. En realidad, Lorenzo, que en ese entonces tenía seis años, recibió el nacimiento de Manuel con gran entusiasmo. En una fotografía antigua sonríe mientras sostiene a su hermanito en el regazo. Desde el principio fueron una dupla muy unida, pero se acercaron aún más cuando se hizo evidente que Manuel sufría de problemas psicológicos que con el tiempo se diagnosticarían como trastorno obsesivo-compulsivo con esquizofrenia limítrofe.

La gravedad de la enfermedad de Manuel hacía que determinadas interacciones sociales le resultaran profundamente desafiantes. A pesar de su mente aguda e inquisitiva, a Manuel el colegio le resultaba difícil. Lorenzo se convirtió en el compañero y protector de su hermano menor, ayudándole con las tareas, alentándolo en los múltiples momentos en que se dejaba vencer por el miedo y haciéndole broma tras broma para aliviar su mente y su espíritu. Por su parte, Manuel dependía cada vez más del apoyo de su hermano mayor y, con el tiempo, empezó a sentir celos del carácter gregario de Lorenzo y de la atención pública que recibía.

Como ocurre con muchas relaciones entre hermanos, la suya era una dinámica complicada, intensificada por las circunstancias únicas que afrontarían durante las seis décadas siguientes.

Aún con las luchas de Manuel, la primera infancia de los hermanos Albacete siempre ocupó un lugar idílico en sus recuerdos. Su padre, el anciano Lorenzo, se había casado relativamente tarde. Dado que no esperaba tener hijos, los consintió sin reparo, por encima de sus humildes posibilidades. Su madre, Conchita Cintrón Lastra, era una mujer bella y cariñosa, con una agudez excéntrica; característica que transmitiría a su hijo mayor. Tanto ella como Lorenzo disfrutaban hacer bromas y disfrazarse para posar ante la cámara. La risa era habitual en el hogar de los Albacete. No era una familia rica, pero eran felices.

En 1956, Lorenzo y Manuel perdieron a su padre inesperadamente. Su muerte supuso un fuerte golpe para ambos, pero Manuel fue quien lo vivió con especial intensidad, ya que dependía de su padre como su ancla emocional. Conchita Albacete simplemente se volvió hermética. Cuando llegaba algún visitante a la puerta, tomaba a sus hijos y se escudaba detrás de los muebles. A pesar de todo el amor que les profesaba y de sus muchos dones, Conchita carecía de la fortaleza emocional y las habilidades prácticas necesarias para superar los difíciles años que sucedieron a la muerte de su marido.

Con el paso de los años, el joven Lorenzo se fue haciendo cada vez más responsable del futuro de su familia, no solo en lo económico, sino también en lo emocional y ante las exigencias rutinarias de la vida cotidiana. Ya haya sido por un tic de su personalidad o una lucha interior más profunda, Lorenzo Albacete nunca se sintió capaz de sobrellevar esta carga como era debido. Aunque llegaría a dominar el cálculo y la mecánica orbital, el pago oportuno de las facturas y la organización de las agendas parecían superar sus capacidades. Quizás estas sencillas tareas le resultaban de poco interés, o puede que sea aquí donde encontramos las semillas de una autoconciencia que se desarrollaría en los años venideros, a medida que el brillante joven empezaba a comprender y a aceptar sus propias incapacidades y la necesidad de una misericordia que superase los límites humanos. Fuera cual fuera el caso, una de las hermanas de Conchita intervino para gestionar sus asuntos y mantener en funcionamiento a la familia.

La despedida de Lorenzo, cuando tomó un avión a finales de los años 50 para asistir a la Universidad Católica de Washington, DC, fue emotiva. Allí estudió ingeniería aeronáutica y cursó un máster en física aeroespacial. Mientras se doctoraba, trabajó como investigador en el Laboratorio de Artillería Naval de White Oak (Maryland). Gran parte del trabajo que realizó durante este periodo era secreto de estado. Esto le imposibilitaba terminar su tesis, pero cuando se dio cuenta de esto, ya no importaba: "Ya había identificado mi vocación sacerdotal."

El llamado al sacerdocio le llegó a Lorenzo directamente, durante un viaje papal a Bogotá, Colombia, en 1968. Manuel, quien por aquella época trabajaba en una agencia de viajes, le había organizado el viaje a su hermano. Con la esperanza de acercarse al Papa Pablo VI, Lorenzo se vistió de sacerdote y se unió a un grupo de clérigos. Según el cardenal Seán O'Malley (entonces un joven fraile capuchino, que se había hecho buen amigo de Lorenzo por aquella época), Lorenzo relató el desenlace de la historia: 'en el momento de que confesó al Papa que no era sacerdote realmente, San Pablo VI le preguntó: "¿Por qué no te conviertes en sacerdote?"

La propuesta del Papa echó raíces, pero el terreno ya estaba abonado. Durante sus años de estudio y trabajo, Lorenzo empezó a concebir la existencia humana de una manera distinta, inspirado por una experiencia de "otra tierra", como él la llamaba. Pocos meses antes de su encuentro con Pablo VI, había escrito sobre esta "nueva tierra" en una carta a su pequeño ahijado con ocasión de su bautizo:

A veces toma mucho tiempo empezar a comprender las leyes de la vida de esta otra tierra, en respirar su aire, y ver sus señales. Hoy se te han dado, por así decirlo, nuevos ojos, nuevos oídos, nuevas manos, una nueva lengua, incluso una nueva nariz. Ahora debes aprender a usarlos. A ver, a oír, a tocar, a oler, a hablar de esta nueva vida que se infunde en el otro: como el agua del mar que humedece la orilla y luego se devuelve temporalmente; como la brisa que sacude las hojas de los árboles en el parque de Rock Creek.

Si no utilizas estos nuevos sentidos, se atrofiarán, y seguramente morirán. Si esto sucede, no verás nada, no oirás los sonidos de la vida, no detectarás las dulces fragancias, extenderás tus manos y no tocarás a nadie, tu palabra será en vano.

Pero si desarrollas estos nuevos sentidos, te pondrás en contacto con la vida (tras una lucha tal vez dolorosa y amarga, pero un dolor que se convierte en alegría, una lucha que conduce a la victoria y a la paz); si lees las señales de Su presencia entre los hombres, entonces tus ojos verán la belleza, oirás la música, tu tacto será suave, captarás en instantes una fragancia incomparable, tu palabra será sabiduría.

Un año después, Lorenzo Albacete, "con reservas" pero habiendo "experimentado un profundo llamado a seguir sin reserva ni condiciones" puso fin a una relación con una mujer con la que esperaba casarse para ingresar en el seminario. Tenía 28 años. Lorenzo se preparó para ser sacerdote en el Colegio Teológico de Washington, dirigido por la orden de los Sulpicianos, que en aquella época eran conocido por sus ideas progresistas. Desde la publicación de la encíclica Humanae Vitae realizada por Papa Pablo VI, se había producido una crisis dentro de la Iglesia, no sólo respecto a la moralidad del control de la natalidad, sino sobre la relación general de la fe con el mundo secular. La Iglesia Católica se había dividido aparentemente en dos corrientes en los años posteriores al Concilio Vaticano II que, de forma poco útil, se asociarían con las etiquetas políticas de "derecha" e "izquierda". Cuando llegó al seminario, Lorenzo Albacete ya había considerado inadecuados a los dos bandos. Incluso mientras se dedicaba a su investigación científica, Lorenzo trabajaba como redactor voluntario de la revista mensual *Triumph*. Era conocida por burlarse despiadadamente de los partidarios del modernismo en la Iglesia y, a la vez, se quejaba de los excesos del capitalismo y se oponía a la guerra de Vietnam.

A diferencia de sus compañeros de seminario, Lorenzo intervenía cada vez que un profesor presentaba un argumento cuestionable en clase. Presentaba sus refutaciones, que normalmente defendían alguna enseñanza de la Iglesia, con perspicacia y un humor a menudo devastador, que irritaba a muchos en la facultad. Lorenzo, quien había sido admitido personalmente en el seminario por el cardenal Patrick O'Boyle, arzobispo de Washington, se sentía libre de seguir expresando sus opiniones a pesar de la protesta. Según el P. Francis Early, un amigo de Albacete de esta época:

Lorenzo me contó que un día lo llamó el rector con una queja de los profesores, porque estaba desafiando lo que enseñaban y les debatía en clase frente a los demás alumnos... y tengo entendido que Lorenzo iba ganando. Así que el rector le dijo: "Si vuelvo a tener una queja más de ti, te quedas fuera, te expulso del seminario". Y Lorenzo le dijo al rector: "Oh, gracias. Espero que lo hagas. Me harías un favor porque el Cardenal O'Boyle me dijo que, si me expulsaban del colegio teológico, para él sería una señal de parte de Dios de que debía ordenarme inmediatamente." Dijo que después de esto el rector no volvió a amenazarle con la expulsión.

Poco después de su ordenación, quedó claro que el P. Lorenzo Albacete sería un sacerdote distinto. La primera vez que cubrió "el turno de noche" en su nueva parroquia, atendió la llamada telefónica de una mujer desconsolada que le comentó que su hermana acababa de morir en un accidente de avión. El P. Lorenzo le llevó café y donas, y los dos se sentaron a llorar en la cocina de su apartamento.

Dos semanas después, atendió su primera confesión. El penitente había entrado en su confesionario por capricho, diciéndole al P. Lorenzo que se había dirigido a McDonald's. "Espero que no quieras una hamburguesa Big Mac con patatas fritas", le dijo el P. Lorenzo, "porque si es así, has cometido un grave error". El hombre se rió, y luego advirtió al P. Lorenzo que estaba a punto de decirle "cosas que nunca antes había oído en una confesión". El P. Lorenzo le aseguró que no sería difícil: "Esta es mi primera confesión. Cualquier cosa que digas será un escándalo para mí". El hombre se dispuso a reír. Recordando el momento décadas después, Albacete dijo que los feligreses que habían estado esperando para confesarse con él "huyeron a la otra línea de confesión."

William Baum, el sucesor de O'Boyle como arzobispo de Washington, nombró a Lorenzo Albacete como Secretario de Investigación Teológica. Posteriormente, desempeñó un cargo similar bajo el sucesor de Baum: el cardenal James Hickey. El P. Lorenzo también realizó labores de asesoramiento para la Conferencia Nacional de Obispos Católicos y la Santa Sede.

Estas actividades fueron acogidas por Albacete, no solo porque ponían su talento al servicio de la Iglesia, sino también porque necesitaba el dinero extra. Para ese entonces, su madre y su hermano se habían mudado a Silver Spring (Maryland), muy cerca de las parroquias en las que Lorenzo trabajó como sacerdote residente durante los años siguientes. Además del trabajo que hacía para los obispos, el P. Lorenzo cumplía con sus obligaciones sacramentales: celebrar misas, escuchar confesiones, bautizar y predicar. También se encargaba de atender a la comunidad hispana local. El tiempo que le quedaba lo dedicaba al cuidado de su familia. Manuel seguía trabajando, pero su sueldo no cubría sus muchos gastos, ni los de su madre; así que Lorenzo consiguió algunos ingresos adicionales como consejero y catedrático en el Banco Interamericano de Desarrollo de la ciudad.

Era una rutina agotadora. El diario espiritual que el P. Lorenzo escribió durante este periodo refleja las luchas a las que se enfrentaba: personales, familiares y como sacerdote en una Iglesia que también era puesta a prueba por las circunstancias. Escribió lo siguiente: "Pienso en todo lo que le ha sucedido a mi familia... Es devastador, literalmente. Y para el país, la Iglesia. Estamos cansados, agotados, abatidos, incapaces de comunicarnos". Las entradas de su diario señalan cuán entrelazada estaba su vida familiar con su vocación sacerdotal. También revelan que era un hombre que experimentó una profunda familiaridad con Dios:

Sábado, 11 de junio, 1977: Dame más, más de tu gracia y tu fuerza. Mi jardín solo tiene pequeños charcos de agua.

El martes, 14 de junio, el día anterior a la consulta de su hermano con el psiquiatra, el P. Lorenzo escribió lo siguiente:

Manuel está sufriendo un ataque de nervios mientras escribo esto. Todo se debe a lo de mañana. ¡Es impresionante! ¿Qué se puede hacer al respecto? ¿Cuáles son tus planes, Señor? ¿Qué es una vida espiritual bajo estas circunstancias? ¿Qué debo hacer?

Miércoles, 15 de junio: Cuán maravilloso es ver tu poder manifestado y que nos concedas paz. Estoy pensando en Manuel hoy....

Jueves, 16 de junio: Estuve un poco asustado por Mami hoy, pero sólo por un instante. ¿Qué podría hacer mañana para celebrar el Sagrado Corazón? Mi hermano me pide que te ruegue para que le regales (y nos regales) una buena jornada ¡en lo terrenal! Se necesita tener mucho amor en tu corazón para aceptar nuestra estupidez. Seré audaz [y] te lo pediré.

Domingo, 19 de Junio: Ayer, mi hermano "celebró" realmente la Misa. ¡Yo no la habría hecho si no me hubiera insistido! Por favor acepta este sacrificio espiritual; él que es tan víctima. Purifícalo y hazlo aceptable y abundante en paz y salud.

Miércoles, 22 de junio: Estar bajo la sombra de tus alas puede confundirse con la oscuridad. Tus alas son grandes....

Unas semanas después, sigue siendo evidente su tormenta interna, el 13 de julio: ¿Por qué tengo esta sensación de estar caminando junto a un precipicio? ¡Qué falta de confianza! ¡Realmente deberías -bueno, más bien, podrías- cansarte de mí si no fueras Dios!

La entrada del día termina, como lo hacen muchas, con una sola palabra: "Misericordia."

†

Casi un año antes de registrar sus súplicas a Dios, Albacete tuvo un encuentro que acabaría alterando el curso de su vida y de su sacerdocio, aunque en aquel entonces no se diera cuenta. Karol Wojtyla, cardenal de Cracovia (Polonia), visitó Washington por un periodo de tres días, y el cardenal Baum le pidió a Albacete que se encargara de él. Enseguida, Wojtyla y Albacete establecieron una buena amistad, y se dieron cuenta de que compartían muchos de los mismos intereses y preocupaciones. Principalmente, Albacete quedó impactado por el propio Wojtyla. Se trataba de una figura que había vivido persecuciones por los nazis y los comunistas, era poeta y dramaturgo, un ávido esquiador y alpinista que venía de liderar el retiro de cuaresma para el Papa Pablo VI y su casa. En resumen, era "un Hombre con H mayúscula", como recordaría más tarde Albacete. Cuando dejó al cardenal Wojtyla en el aeropuerto, acordaron que Albacete leería algunos textos sugeridos por el cardenal y se mantendrían en contacto por escrito. Wojtyla envió cartas a Albacete, que, no obstante, quedaron sin respuesta.

Cuando Karol Wojtyla fue elegido Papa Juan Pablo II en 1978, el padre Lorenzo quedó atónito. "¡Esto es terrible!", un amigo recuerda que exclamó, aterrado ante la idea de que había decepcionado a un hombre al que no sólo admiraba, sino que ahora era su jefe. El Papa Juan Pablo II no lo dejó en paz. Cuando Lorenzo visitó Roma un mes después, el Papa le clavó la mirada en la línea de recepción y le dijo: "Bueno, Lorenzo, ¡supongo que ahora responderás mis cartas!". Lorenzo Albacete no volvería a descuidar su amistad. Al contrario, se convirtió en un experto en la teología de Juan Pablo II, escribiendo su tesis doctoral sobre su magisterio. Su tiempo de estudio en Roma, durante el cual también trabajó para el cardenal Baum en la Congregación para la Educación Católica, fue un periodo de relativa seguridad y paz. Las fotografías de esta época muestran a Lorenzo en una audiencia privada en el Vaticano, presentando a su madre y hermano al Papa. (Se habían conocido brevemente durante una visita papal a Washington). Conchita y Manuel sonríen asombrados, y Lorenzo parece muy a gusto y alegre con su amigo, que resulta ser también el Sumo Pontífice.

Durante este periodo, el P. Lorenzo se encontró con varios compañeros de viaje que también estaban fascinados con el pensamiento de Juan Pablo II y, en particular, sus complejos y fascinantes discursos sobre la sexualidad humana y el amor conyugal, que él llamaba la Teología del Cuerpo. Para abordar estas y otras cuestiones que afectaban la profundidad y el misterio de la persona, habían fundado, con la bendición del Papa, un centro teológico llamado Instituto Pontificio Juan Pablo II de Estudios sobre el Matrimonio y la Familia. Albacete empezó a dar clases allí ocasionalmente. Con el tiempo, se elaboraron planes para abrir una sucursal del Instituto en Boston y, en 1985, él, su madre y su hermano se mudaron allí. Sin embargo, el visionario plan se vino abajo cuando la financiación prometida para el centro se agotó repentinamente. El P. Lorenzo se sintió profundamente decepcionado, pero para entonces se enfrentaba a una calamidad muchísimo peor.

"Pocos días después de mi llegada a Boston, mi madre comenzó su purgatorio de diez años como víctima de la enfermedad de Alzheimer", explicó más tarde Albacete en una carta al P. Giussani, un sacerdote italiano que había fundado el movimiento laico católico Comunión y Liberación. "Un año después de nuestra llegada a Boston, tuvo que ser ingresada en una residencia de ancianos tras ocho meses en el hospital". El inexorable deterioro físico y mental de su madre afectó profundamente a Albacete. Dejó su angustia plasmada en un poema.

¿Qué recuerdas cuando me miras?
¿Desde dónde me miras?
¿A dónde te has ido, madre?
¿Qué ha pasado con todo lo que querías?
¿Ya no lo quieres?
¿Ya no te importa?
Tu alma de madre,
 ¿qué la mueve?

"Los efectos económicos en mi vida fueron devastadores", explicó más tarde Albacete al P. Giussani. "Ahora con dos enfermos mentales enteramente a mi cargo, mi agenda diaria quedó hecha añicos". Durante los dos años siguientes, los días de Albacete estuvieron completamente repletos de visitas al hospital de Santa Isabel, donde estaba ingresada su madre. También intentaba cuidar de Manuel, que de igual manera estaba profundamente angustiado por la enfermedad de su madre y mantenía despierto a su hermano a todas horas con preocupaciones y preguntas. A ello se añadían los vanos intentos de mantener a flote el proyecto del Instituto, sin olvidar todas sus obligaciones sacerdotales habituales, que cumplía fielmente en dos parroquias cercanas al hospital.

El estrés afectó a Albacete física, psicológica y espiritualmente. Hubo momentos oscuros en los que se sintió abandonado por Dios. Su peso aumentó drásticamente durante esos años en Boston. "Creo que tengo mucha rabia", escribió durante esa época. "Mi mente corre y corre". Sin embargo, incluso en la peor de sus pruebas, Albacete conservaba el sentido del humor y seguía atesorando las maravillas cotidianas y las alegrías sencillas que le ofrecía la vida: una canción de Broadway en la radio, sesiones de toros con amigos mientras fumaba en cadena, comprar una nueva pluma estilográfica o recordar con Manuel, que poseía una memoria alucinante. En el centro de su conciencia, sin embargo, estaba su conocimiento de "la íntima y mística relación entre Cristo y el creyente". En pocas palabras, era su amistad con el Misterio hecho hombre, Dios presente entre nosotros, lo que le permitía vivir una vida verdaderamente humana, incluso en circunstancias aparentemente imposibles.

Años más tarde, un feligrés que asistía a una de las iglesias que Albacete atendía, recordaba el impacto de su "semblante candoroso y angelical" mientras predicaba.

Lorenzo Albacete

†

AL PRINCIPIO DE SU sacerdocio, el padre Lorenzo había conocido a un hombre de negocios llamado William Carrigan que se había encontrado al padre Pío de Pietrelcina mientras servía en Italia durante la Segunda Guerra Mundial. "En él hemos encontrado el verdadero opuesto del odio", dijo Carrigan a sus amigos en Estados Unidos. "Y en la violencia de esta guerra, el contacto con el Amor de Cristo a través de este Sacerdote favorecido genera una conmoción en nuestra forma de pensar".

Carrigan dedicó el resto de su vida a dar a conocer la historia del Padre Pío, una devoción que aumentó después de que su esposa sufriera una enfermedad mortal. Su experiencia compartida de sufrimiento unió a Carrigan y Albacete en un deseo mutuo de comprender cómo los pobres y los enfermos podrían ser atendidos más adecuadamente por sus cuidadores.

En mayo de 1990, por insistencia de Carrigan, Albacete fue a San Giovanni Rotondo, la comuna de Foggia, Italia, donde el Padre Pío había establecido un hospital y un centro de investigación junto a iglesias y un antiguo monasterio. Las notas que garabateó durante su visita eran una mezcla de observación y oración:

Aquí estoy, Señor. Sólo Tú eres el Señor. Tú venciste al pecado y a la muerte a través de tus sufrimientos y tu resurrección. Es el sufrimiento lo que me trae aquí. Sabes que lo es. Es por los sufrimientos de mi madre, por lo que ha costado aliviarlos, por lo que quiero ser el sacerdote del sentido detrás de su sufrimiento. Por eso estoy aquí, en el lugar de la Casa para el Alivio del Sufrimiento.

Recorrió las instalaciones médicas durante los dos días siguientes, observando las aglomeraciones de turistas afuera del hospital, un signo de "piedad popular en todo su esplendor". Reflexionó sobre lo que pensaba el Padre Pío cuando los veía. "La gente está aquí expresando una necesidad", concluyó Albacete. "Están aquí porque sufren". La visita al hospital y, en particular, a las monjas que trabajaban allí como enfermeras, dejó a Albacete profundamente impresionado, pero también lleno de más preguntas aún:

Supongamos que mi madre estuviera en este hospital, ¿experimentaría la intervención de Dios más que en St. Elizabeth al mirar afuera y no ver Boston (el mundo de la pretensión humana) sino ver el mundo de la necesidad humana reuniéndose porque Dios actuó aquí en la vida del Padre Pío?

Para entonces, Lorenzo Albacete se había mudado de nuevo a Washington, DC. En ese momento ya era monseñor. De nuevo se había intentado llevar el Instituto Juan Pablo II a Estados Unidos; esta vez a la capital de la nación. Habiendo aceptado el plan, el Santo Padre pidió que Albacete fuera contratado por el Instituto como profesor y nombrado Director de Estudios. Esto suponía otro traslado difícil para su familia, por supuesto, pero por lo menos estarían todos en una posición más estable. Antes de que Conchita Albacete pudiera ser trasladada a una residencia de ancianos, tuvo que pasar una larga temporada en el Hospital Providence, donde recibió tratamiento por una úlcera cutánea. Albacete y Carrigan empezaron a reunirse allí con médicos y enfermeras para hablarles del ejemplo del Padre Pío y entablar una conversación sobre la importancia de su trabajo. Se creó un grupo de oración del Padre Pío en el hospital, y Albacete oficiaba la misa en sus reuniones mensuales.

El Monseñor Albacete tenía mucho por lo que rezar y meditar, comenzando por su sensación de impotencia ante los padecimientos de su madre y de su hermano. Su visita a San Giovanni Rotondo y todo lo que se derivó de ella le ayudaron a contemplar la situación bajo una óptica renovada y más madura. Habiendo leído siempre con avidez, se sintió cada vez más atraído por ciertos novelistas católicos, como Flannery O'Connor y Walker Percy, quienes habían luchado con muchas de las mismas preguntas. A estos escritores, se suma su estudio de la teología cristocéntrica de Juan Pablo II y sus ramificaciones para las personas, en particular los oprimidos y los que sufrían. Este rico tapiz de experiencias e influencias constituyó la base de una serie de cátedras que se presentaron en el Hospital Providence delante de profesionales de la salud de todo el país, así como miembros del público. Copatrocinado por el Instituto Juan Pablo II, este ciclo de cinco conferencias se tituló "El alivio del sufrimiento". Este libro fue extraído de ese material, en un formato ligeramente editado.

†

Los años que siguieron a las conferencias de Albacete sobre "El alivio del sufrimiento" se convertirían en la viva expresión de su afirmación de que la vida es un diálogo dramático que "apunta al origen de este drama, al autor, a un guion no escrito por nosotros, ni escrito en la tierra". A través de su participación en el Instituto Juan Pablo II, Albacete entabló una amistad con Angelo Scola, un compañero sacerdote que de vez en cuando impartía cursos en el Instituto y que llegaría a convertirse en Patriarca de Venecia y Arzobispo de Milán. "Había algo en él que nunca había visto en un sacerdote", relató Albacete más tarde. Se sintió atraído por la libertad de Scola frente a la realidad y su actitud receptiva a "todo lo que es bueno e interesante".

Siempre que Albacete le preguntaba por qué "era como era", Scola respondía que era porque había sido educado por el P. Luigi Giussani, el fundador de Comunión y Liberación (CL). La respuesta despertó aún más la curiosidad en Albacete. Bombardeó de preguntas a Scola, hasta que éste, exasperado, programó un encuentro con Giussani en Milán en 1993. Durante el almuerzo, Giussani le pidió a Albacete que ayudara a que el movimiento de CL se consolidase en Estados Unidos. Fue el comienzo de una amistad íntima y de una participación en el movimiento que se desarrollaría y florecería paulatinamente a lo largo de los siguientes veinte años.

En 1995, el momento que Lorenzo más temía le sobrevino. Conchita Albacete murió en una residencia de ancianos en Washington dirigida por las Hermanitas de los Pobres. Aunque su madre llevaba años sin poder hablar ni reconocer a nadie, Lorenzo la visitaba con regularidad, hablándole como si ella le entendiera y celebrando la Eucaristía con el personal y los pacientes. En la homilía del funeral, monseñor Albacete confesó que "cada vez que celebraba misa en esta capilla, o incluso cuando se paseaba por ella, cada vez que pasaba por delante de la sala de velación sentía un escalofrío en el corazón y sabía que algún día tendría que acudir a una cita aterradora en ese lugar". Consideraba que la muerte de su madre había sido un momento de transición que puso a prueba su fe. "De repente, ella se convirtió en uno con la Otra Presencia, y ahora claramente mi camino hacia ella es sólo a través de Él. Ella se ha convertido en el desafío, la afirmación, la pregunta: "Yo soy la Resurrección y la Vida. ¿Lo crees?"

Pocos meses después de la muerte de su madre, el Papa Juan Pablo II comunicó a Albacete su intención de nombrarlo rector de la Pontificia Universidad Católica de Puerto Rico. Albacete dudó en aceptar, pero se dejó convencer cuando el Papa insistió en que necesitaría la ayuda de Albacete ya que se acercaba el Tercer Milenio, explicando su deseo de tender un puente entre las iglesias de Puerto Rico y Nueva York. Bajo la dirección de Albacete, la Universidad de Ponce podría transformarse en una respetada institución de enseñanza superior donde la herencia y la cultura hispánica pudiese encontrarse y establecer un diálogo con académicos y profesionales de toda la isla, de Estados Unidos continental y del mundo entero. La visión era extensa y emocionante, pero primero Albacete tendría que convencer a su hermano Manuel para que regresara a Puerto Rico.

La enfermedad de Manuel Albacete había empeorado. Salir de casa siempre le había provocado ansiedad, pero cuando llegó la hora de mudarse a Puerto Rico como se había propuesto, Manuel ya se había convertido en un recluso. Sus explosiones emocionales y sus exigencias, a menudo escandalosas, también habían empeorado. Como regla general, se negaba a subir en un ascensor o en un avión, salvo en las circunstancias más extraordinarias. Conseguir que Manuel aceptara mudarse a Puerto Rico requirió todo el ingenio de Lorenzo. Al final, él utilizó la obsesión de Manuel por las vacas manchadas para convencerlo de mudarse. Compró una serie de pequeñas vacas de peluche y las colocó en una fila en lugares específicos a lo largo de su itinerario, incluida una larga fila de vacas que conducía a su nuevo hogar en Ponce. La táctica deleitó a Manuel, y pronto los hermanos Albacete se instalaron en su nuevo hogar.

De inmediato, Lorenzo Albacete se puso manos a la obra para reescribir el plan de estudios de la universidad, dirigirse al profesorado y a los estudiantes, reunir a un grupo de asesores externos y citar a donantes para recaudar los fondos necesarios con el fin de llevar a cabo su plan. Sin embargo, a los pocos meses de su nombramiento, algunos miembros de la junta se confabularon con obispos de la isla para destituirlo. Sus motivaciones eran estrictamente políticas. Incluso antes de que tomara posesión de su cargo, el Papa le había advertido a Albacete que los obispos de Puerto Rico le tenían "miedo y envidia". Se disgustaron mucho cuando el Santo Padre rechazó su propio nominado y en su lugar nombró a Albacete presidente. Y el resentimiento solo podía profundizarse cuando el intelecto y el humor de Albacete lo convirtieron en el centro de atención de la isla. El mandato de Albacete concluyó abruptamente. Los resultados de una auditoría universitaria que él mismo había solicitado fueron utilizados en contra de Albacete para acusarlo de haber hecho una mala gestión. Sus simpatizantes le aconsejaron que se defendiera y llevara a cabo su misión hasta el fin. Sus amigos íntimos temían que la destitución dañara permanentemente su reputación, como ocurrió en cierta medida. Uno de ellos instó a Albacete a "hacer frente directamente a la acusación" y filtrar a la prensa los resultados completos de la auditoría. Albacete, reacio a provocar un escándalo que pudiera perjudicar a la Iglesia, hizo caso omiso del consejo.

Albacete esperaba volver a Washington, pero se sorprendió cuando su superior, el cardenal Hickey, le informó de lo contrario. Cuando el arzobispo de Nueva York, el cardenal John O'Connor, se enteró de la situación de Albacete, pidió que se le enviara a enseñar al seminario arquidiocesano de Yonkers, Nueva York. Al igual que Juan Pablo II, O'Connor consideraba fundamental la participación activa de la Iglesia en la cultura contemporánea. Hacía tiempo que admiraba el intelecto de Albacete y su capacidad de transmitir la fe. "Podrías ser nuestro nuevo Chesterton", le dijo a Albacete, "pero para eso, tienes que estar aquí". Albacete aceptó agradecido la invitación de O'Connor, pero siguió consternado a raíz de su fracaso en Puerto Rico. "Me sentí totalmente perdido", explicó a Giussani. "No tenía recursos, muy poca energía, y no conseguía entender lo que estaba pasando". Lorenzo también estaba agradecido por la presencia de la comunidad de CL en la ciudad de Nueva York. Se sintió aceptado y acogido por sus miembros. "Parecía que el Señor había rechazado todas mis iniciativas", dijo a don Giussani. "Y así fue, para llevarme finalmente al lugar y al contexto en el que aprendería a obedecerle a Él primero. La comunidad del Movimiento de Nueva York me recibió con un amor y un entusiasmo que me ayudaron a darme cuenta de esto."

El traslado a Nueva York resultaría fructífero para Albacete y la Iglesia, ya que, como esperaba el cardenal O'Connor, simbolizó una época de estrecha relación con los medios de comunicación y la cultura en general. Albacete entabló una buena amistad con figuras como Hendrik Hertzberg, editor ejecutivo de The New Yorker, y Helen Whitney, una productora y documentalista que hacía películas para PBS. Por desgracia, O'Connor murió de cáncer cerebral antes de alcanzar a ver los frutos de su generosidad. Como contaba Albacete:

Poco antes de morir, el cardenal O'Connor me dijo que lamentaba no estar presente para ver lo que ocurriría con "lo que hemos empezado aquí", y que debería haber actuado antes. Aun así, me dijo: "Si voy al cielo, te ayudaré desde allí". Y efectivamente, el día que murió recibí la oferta de redactar una columna en The New York Times".

A lo largo de un periodo de diez años, los escritos de Albacete se publicaron en las páginas del The New York Times Magazine, The New Yorker, The New York Daily News y el periódico milanés Tempi, entre otros. Su libro God at the Ritz recibió elogios por parte de la crítica, y se convirtió en invitado habitual de CNN y The Charlie Rose Show. En colaboración con Helen Whitney, Albacete apareció en episodios de la serie Frontline, de la cadena PBS, en los que afrontaba temas que abarcaban desde el legado del Papa Juan Pablo II hasta el papel que desempeñaron las creencias religiosas en la tragedia del 911 (11-S). Cuando se producía un acontecimiento o una crisis importante, Albacete era *de facto* la voz mediática de la Iglesia y respondía a las preguntas con franqueza, inteligencia e ingenio. También intervino en conferencias sobre la ciencia y la fe y debatió contra el escritor ateo Christopher

Hitchens en el Hotel Pierre de Nueva York. En palabras de Helen Whitney, Albacete se convirtió en "un brillante misionero para el mundo secular". Todas estas actividades se sumaban a las conferencias, retiros y viajes que realizaba en representación de Comunión y Liberación.

Era un horario agotador, que se hacía más estresante por su responsabilidad con su hermano. Cuando regresaba a su casa en Yonkers, Lorenzo se encontraba con Manuel que lo esperaba despierto, con ganas de hablar toda la noche. A menudo, cuando tenía que hacer algún trabajo o necesitaba hacer una llamada, Manuel insistía en que Lorenzo recordara el pasado, le ayudara a trazar un mapa meteorológico (una de las obsesiones de Manuel) o respondiera a alguna de las interminables preguntas que brotaban de su mente hiperactiva. También había momentos más oscuros, llenos de acusaciones y resentimientos, que se hacían más duros a medida que la enfermedad de Manuel avanzaba. Incluso durante los viajes, Albacete pasaba gran parte del tiempo en el teléfono móvil intentando tranquilizar a su hermano.

Había momentos más alegres, por supuesto, cuando una anécdota divertida les sacaba a ambos una carcajada, o cuando celebraban juntos un pequeño triunfo.

"La vida de Monseñor era una montaña rusa," según Olivetta Danese, miembro de CL, que gestionó la agenda de Albacete por dieciocho años. A sugerencia del P. Giussani, Albacete se convirtió en un referente de la casa de Memores Domini (una asociación laical dentro de Comunión y Liberación consagrada a la virginidad), donde Danese vivía con otras mujeres. Hacer visitas a la casa se convirtió en una parte habitual de la rutina de Albacete. Aquellos años estuvieron marcados por la certeza de que utilizaba sus dones al servicio del Evangelio, de que había encontrado un hogar en el Movimiento CL y de que estaba rodeado de amigos que lo querían. No obstante, nada de esto podía aliviar su profundo sufrimiento espiritual, su sentimiento de desolación interior y, en ocasiones, la sensación de que Dios lo había abandonado. En realidad, las luchas que Albacete registró en sus diarios de los años setenta y ochenta persistieron a lo largo de su vida. En su intimidad, sin que lo supiera la mayoría de la gente que le conocía por sus bromas y su personalidad arrolladora, Albacete mantenía un diálogo intenso, continuo y a menudo doloroso con el mismo "Misterio" del que hablaba en sus charlas. Sus propios padecimientos, y en particular los que compartió con Manuel, constituyeron gran parte de la sustancia de este diálogo; su participación personal en la pasión de Cristo.

Algunas personas externas sentían que la relación de Albacete con su hermano ocasionó una "oportunidad perdida", una carga que le impidió a Lorenzo Albacete vivir su vocación y su misión evangélica en toda su extensión. Visto de esta manera, la vida de monseñor Albacete fue determinada por una tragedia -una triste historia dominada por un hermano menor que fue víctima de una enfermedad mental que arruinó la vida de ambos hermanos Albacete. Christopher West, alumno de Albacete en el Instituto Juan Pablo II, interpreta la situación de otra manera:

Monseñor hubiera podido disfrutar de una carrera teológica más destacada, pero la sacrificó para vivir lo que predicaba, amando a su hermano. No lo comprendieron e incluso fue criticado y perseguido por hacerlo, y yo digo lo siguiente: más poder a usted, Monseñor, por poner en práctica la verdad que usted conocía. El fruto para el Cuerpo de Cristo se hace mucho más potente en el amor que Monseñor demostró a su hermano que cualquier fruto que pudiera haber dado para la Iglesia escribiendo más libros o siendo más "fructífero" como teólogo.

Por muy tentador que resulte intentar sintetizar la espiritualidad de Albacete en una única "manera" de vivir el cristianismo, que otros puedan imitar, no sería una representación justa ni del hombre ni de su fe. Albacete no vivió de una "manera", sino que vivenció una relación. Pudo ser él mismo ante la gente y ante Dios -sin importarle las opiniones de los demás-, con toda su inteligencia en juego, sus deseos, pecados, humor, intereses terrenales, capacidad e incapacidad para amar y tener misericordia y sus sufrimientos grandes y pequeños. Al ponerse en manos del Misterio tal como se le presentaba (a través de la relación con su hermano y con los demás, en la vida sacramental de la Iglesia, en la oración y las ofrendas e incluso en las plumas estilográficas y los musicales de Broadway) experimentó una familiaridad con este Misterio que rayaba en lo místico, aunque, como el mismo Albacete bromeaba, su misticismo tenía una naturaleza totalmente única. Algunos relatos pueden servir como una pequeña ventana hacia este aspecto relativamente ignorado de la vida y del testimonio de Albacete.

Por ejemplo, hubo una ocasión en la que atravesaba Puerto Rico en automóvil con Olivetta Danese camino a un acto público. Al cruzarse con un mendigo en la carretera, monseñor Albacete frenó repentinamente y le entregó todo el dinero que llevaba en la cartera a este hombre menesteroso. Mientras Albacete se alejaba, Olivetta lo reprendió.

"Puedo entender que des limosna", le dije, "¡pero no tienes dinero! Sabes lo difícil que es pagar las facturas. ¿Por qué regalaste todo tu dinero?". Me miró con una especie de lástima y me dijo: "No lo entiendes. Un día, cuando me encuentre delante de Dios y le muestre mis manos vacías, ese hombre estará ahí para hablarle bien de mí". Así sobreviviría Monseñor. Así era su fe, su relación con Dios.

Los jóvenes acudían a menudo a Albacete cuando atravesaban dificultades, porque les hablaba de igual a igual, en vez de darles consejos, les ofrecía la amistad auténtica de quien ha sido transformado por su encuentro con Jesús. En una ocasión, una mujer llamada Rita se encontraba atormentada por una crisis vocacional. Le comentó a Albacete que tenía miedo de ir en contra de lo que Cristo quería para su vida. "Monseñor fue muy enfático", recuerda Rita. "Me dijo: '¿No lo entiendes? Cristo nunca te soltará. No puede. No puede'". Y cuando Albacete enseñaba en el seminario, se hizo amigo de Louis, uno de los seminaristas cuya experiencia estaba siendo difícil en ese lugar. Albacete llevaba a Louis a una cafetería cercana y escuchaba sus quejas mientras comían hamburguesas con queso. "Recuerdo que una vez yo estaba maldiciendo y diciendo palabrotas, creo que estaba golpeando la mesa. Y simplemente se sentaba y fumaba, y repetía: 'Sí, sí'". Después Albacete reflexionaba: "Piensa en lo que pasaría si un rey o un miembro de la realeza viniera a visitar tu casa. Tienes a alguien estupendo en tu casa, pero está hecha un desastre. El salón está destrozado. Hay mil personas alrededor, ¡es un caos!". Albacete comprendió por experiencia propia cómo el desorden y la confusión podían ser a menudo una señal de la presencia de Dios.

En el verano de 2009, la fuerza física y mental de Lorenzo Albacete empezó a flaquear. Las exigencias de presentarse públicamente y viajar, junto con la tensión de cuidar a Manuel, comenzaban a ser demasiado para él. En julio, mientras se reunía con las mujeres de la casa Memores Domini, les contó que en los últimos meses una pregunta había predominado en sus pensamientos:

¿Qué había visto el P. Giussani en mí? ¿Cómo explicar la confianza que parecía tener en mí desde el primer día hasta el último día, en el que Olivetta estuvo presente? Eso me inquietaba porque [Giussani] veía que yo no le entendía bien. Le entendía en teoría, pero no le entendía en términos de experiencia.

Empecé a decir que tal vez él veía que llegaría el día en que yo me vería obligado a enfrentarme a esto y entonces pensé, el día ha llegado... y luego descubrí que ya no era capaz de hacer viajes debido al cuidado de mi hermano, luego, hace aproximadamente un mes llegó mi desplome total, cuando ni siquiera fui capaz de salir de mi casa. En ese momento me di cuenta de que había llegado el momento de renunciar a mis capacidades intelectuales y pedir ayuda, a la que creo que Él está respondiendo ahora mismo. En cualquier caso, desde ese momento y durante estas tres últimas semanas me he dado cuenta... de que cada día tengo que ofrecer la nada que soy, mi nada, hasta romper el último apego a mis ideas.

Ahora soy libre, queda un vacío. San Pablo utiliza la palabra para Cristo. Él se autovació. Este autovaciarse es asombroso porque no es agradable, pero trae gozo; puede incluso coincidir con un miedo emocional. Con el tiempo, a lo largo del camino, empiezas a ver las cosas de otra manera, ves cambios por todas partes.

El grito del Alma

Lorenzo empezó a manifestar los síntomas de la enfermedad de Parkinson, la misma que se había cobrado las vidas de Juan Pablo II y Luigi Giussani, los dos hombres que tanto habían marcado el curso de su vida y su vocación. Posteriormente el diagnóstico fue confirmado por un neurólogo. El medicamento le ayudó a reducir los temblores, pero los efectos secundarios resultaron ser casi igual de debilitantes que la misma enfermedad. Incluso los viajes cortos se habían convertido en un calvario. Cuando de tanto en tanto aparecía en público, Lorenzo seguía teniendo la mente aguda y su pasión era tan evidente como siempre, pero su capacidad de comunicarse se vio gravemente afectada. Cuando sintió que se acercaba el final, Albacete se preocupaba cada vez más por lo que sería de Manuel cuando ya no estuviera. Le pidió a Christopher West que cuidara de su hermano, y West lo hizo fielmente hasta que Manuel partió en el 2022.

En febrero del 2014, hospitalizaron a Lorenzo Albacete, pero con el paso de los meses, fue quedando claro que los médicos poco podían hacer por él. En octubre, ingresó en una residencia de ancianos, donde recibió un sinfín de visitas. Entre ellas estaba la de Vince, un estudiante universitario que llegó a visitar a monseñor Albacete con otro amigo, Gil. Era el 23 de octubre. Serían las últimas horas de vida de Albacete. Vince relató en su diario la forma en que Albacete los había presentado a la enfermera como "mis alumnos, indirectamente". Media hora después, llegó un capellán con el Santísimo Sacramento. Albacete recibió la comunión. "Después de inclinar la cabeza por un instante, levantó su mirada ausente y pronunció con toda claridad: 'Jesús siempre viene. Siempre quiere estar con nosotros'".

Vince recordaba cómo Gil y él se turnaban para tomar a Albacete de la mano mientras le hablaban de sus estudios. Cuando Gil le comentó que era estudiante de filosofía, Albacete cobró ánimo y le explicó que el movimiento Comunión y Liberación había tenido que enfrentarse al marxismo que dominaba la sociedad italiana en los años cincuenta y sesenta:

"¿Qué existe ahora en nuestro país que sea parecido?", preguntó a Gil. Gil respondió: "Es la amistad con mis amigos de la universidad lo que me permite ver el mundo con claridad". Monseñor lo miró, con alegría en los ojos y sonriendo. "¿No te resulta hermoso?", dijo, apretando fuertemente la mano de Gil.

Luego se puso muy serio y nos contó que las noches son las más difíciles para él. "La gente deambula por un costado y nunca se detiene. Me siento tan solo por la noche. Anoche gritaba y nadie se detenía". Para él esto era lo más difícil de estar en la residencia, porque, debido a que su reloj biológico se había alterado hace mucho tiempo, a menudo se quedaba despierto por la noche, confinado en la cama sin compañía. "¿Se quedarían conmigo esta noche?", nos preguntaba entre súplicas. "¿Se quedan conmigo?" Gil respondió que sí inmediatamente. "Vayan a preguntarles, asegúrense de que puedan quedarse", dijo. "No saben cuánto significa esto para mí. Será un gran servicio para mí y para la Iglesia".

Aquella noche Albacete durmió plácidamente, mientras los dos jóvenes hicieron lo mejor posible por vigilarlo toda la noche. Finalmente, ellos también se quedaron dormidos y, cuando Vince se despertó a eso de las 7a.m., había enfermeras en la habitación:

Vi que el tubo de oxígeno se estaba cayendo de la cama y lo miré. No se movía y estaba muy pálido. Entonces una de las enfermeras le puso las manos en los párpados y los cerró, y me sobresalté. Me incorporé, asustado. "¿Qué está pasando?" La enfermera volvió a mirarme. "Lo siento", dijo. "Ha fallecido". Corrí hacia la cama y lo tomé de la mano, mirándolo fijamente a la cara. "Concédele el descanso eterno, Señor, y que brille sobre él la luz perpetua". La oración brotó de mis labios, aunque lo único que sentí fue un profundo impacto.

Era viernes, el día de la Pasión, cuando Lorenzo Albacete se fue con al Señor para mostrarle sus manos vacías.

www.ingramcontent.com/pod-product-compliance
Lightning Source LLC
Chambersburg PA
CBHW031404160426
43196CB00007B/889